ADVENT-VERLAG LÜNEBURG

Harald Pfeiffer

Meine Abenteuer mit Gott in Afrika

Ihm zu folgen bewirkte Großes

ADVENT-VERLAG

Projektleitung und Lektorat: Werner E. Lange
Korrektorat: Erika Schultz
Einbandgestaltung: Sislak Design, Bad Soden-Salmünster
Titelfotos: Harald Pfeiffer
Satz: rimi-grafik, Celle
Gesamtherstellung: Thiele & Schwarz, Kassel

Pulverweg 6, 21337 Lüneburg
Internet: www.advent-verlag.de, E-Mail: info@advent-verlag.de

ISBN: 978-3-8150-1922-1

Inhalt

Einführung	Ein moderner Samariter (von Pietro Copiz)	7
Kapitel 1	Meine Kindheit und Jugendzeit	15
Kapitel 2	Unser beruflicher Werdegang	25
Kapitel 3	Im Leprahospital Masanga in Sierra Leone	35
Kapitel 4	Die Ausweitung der Hilfsaktionen	47
Kapitel 5	Hilfsaktionen während des Bürgerkrieges	57
Kapitel 6	Das unglaubliche Vorhaben von Dr. Abd Sesay	67
Kapitel 7	Die Vorbereitung des Hospitalbaus	75
Kapitel 8	Die Begegnung mit den Rebellen	81
Kapitel 9	Der Beginn des Hospitalbaus	93
Kapitel 10	Der Verlauf bis zur Fertigstellung des Hospitals	107
Kapitel 11	Die Einweihung des Hospitals	119
Kapitel 12	Eine solide Finanzierung für alle Projekte	137
Kapitel 13	Neubau eines Ernährungszentrums für Kinder	153
Kapitel 14	Der Bau eines Dorfes für Poliokranke	165
Nachwort	Die Bilanz unserer Arbeit	187

Einführung

Ein moderner Samariter[1]

Niemand konnte die Wendung voraussehen, die das Leben von Harald Pfeiffer 1987 nahm. Seine Geschichte gleicht einem faszinierenden Roman oder dem Drehbuch eines packenden Films, aber sie ist die reine Wahrheit – und noch mehr als das, was in dieser Autobiographie aufscheint. Nichts in seinem Leben deutete an, dass er später den Bau eines 100-Betten-Krankenhauses und anderer humanitärer Einrichtungen im afrikanischen Busch initiieren würde.

Nach 20 Jahren Arbeit als Physiotherapeut spürte er, dass er eine zeitweilige Veränderung brauchte, und bat um ein „Sabbatjahr". Er wurde gedrängt, im Leprakrankenhaus von Masanga in Sierra Leone auszuhelfen. Obwohl er schon sieben Monate später zurück nach Hause kam, blieb sein Herz in Afrika. Konfrontiert mit den Leiden in einem der ärmsten Länder in der Welt bekam er ein unbändiges Verlangen, den Menschen dort zu helfen. Was konnte er aber tatsächlich gegen die Not ausrichten?

Nach einiger Zeit entdeckte er vier entscheidende geistliche Schritte: Bringe deine Sorgen dem Herrn, bete darüber, vertraue ihm und warte geduldig! (Siehe Philipper 4,6; Psalm 40,2) Harald bat die Leute, mit denen er durch seine Arbeit in Kontakt kam, nie direkt um Spenden oder Hilfe; er erzählte von seinen Erfahrungen und den Nöten in Sierra Leone – und der Herr berührte die Herzen. In diesem Buch erzählt er, was sich dann entwickelte.

---

1 Von Pietro Copiz., Ph.D. Er wurde in Rumänien geboren, schloss seine Schulausbildung in Italien ab, lehrte viele Jahre am Seminar in Collonges und an der Andrews-Universität (Michigan). Von 1979 bis 1990 leitete er die Erziehungsabteilung der Euro-Afrika-Division mit Sitz in Bern. Seinen aktiven Ruhestand verlebt er in Gland am Genfer See ganz in der Nähe der Pfeiffers.

Harald steckte bald all seine Freizeit in diese humanitäre Arbeit. In seinem „Urlaub" und über die Feiertage am Jahresende flog oder fuhr er stets nach Sierra Leone.

Um Zollfreiheit und bessere Unterstützung für seine humanitäre Arbeit zu bekommen, gründete Harald Pfeiffer die Hilfsorganisation „Swiss Sierra Leone Development Foundation" (SSLDF). Im Dorf Masanga war die jährliche Verteilung von Reis und Kleidungsstücken während des Bürgerkrieges (1991–2002) für die Dorfbewohner und Leprakranken stets ein Anlass gemeinsamer Freude und großer Dankbarkeit. Viele nennen ihn dort den „Vater von Masanga". In Magbenteh, dem Ort, wo das Buschhospital errichtet wurde, wird er liebe- oder respektvoll einfach „Harald" genannt, englisch „Harold" ausgesprochen, was „Armeeführer" oder „heroischer Führer" bedeutet. Ein solcher ist er tatsächlich geworden!

Da alle medizinischen Einrichtungen in Sierra Leone im Bürgerkrieg durch die Rebellen zerstört worden waren, drängte ihn ein afrikanischer Arzt, dessen medizinische Ausbildung von Harald teilweise finanziert worden war, ein neues Krankenhaus zu bauen. Es war ein verrückter, wenn auch verständlicher Traum. Doch nach mehreren Jahren, vielen Gebeten und ungeahnten Wendungen wurden etliche Hindernisse beseitigt, und dieser Traum schien Wirklichkeit zu werden.

Aber Disziplin, deutsches Organisationsvermögen und harte Arbeit waren unentbehrlich, um das Ziel zu erreichen. Daher bat Harald mit 63 Jahren darum, in Rente gehen zu dürfen, um den Aufbau des Hospitals beaufsichtigen zu können. Er bezahlte dafür einen hohen finanziellen, körperlichen und emotionalen Preis!

Im Januar 2006 wurde das Krankenhaus in Magbenteh in Gegenwart des Präsidenten von Sierra Leone und anderer Autoritäten eingeweiht. Am Ende seiner Eröffnungsrede würdigte er die großartige Arbeit von Harald. Abweichend von seiner schriftlich vorbereiten Rede ermunterte der Präsident die Anwesenden dazu, mit ihm im Chor zu wiederholen, was ein Zuhörer gerufen hatte: „Bravo, Harald!". Aber dieser erklärte in seiner Rede freimütig, dass Gott selbst der Gründer, der Vollender und der Eigentümer des Krankenhauses sei; das Projekt diene der Ehre Gottes!

Diese geistliche Dimension war immer vorrangig in Haralds Denken und Plänen, was auch im Bau einer Kirche auf dem Gelände des Krankenhauses sichtbaren Ausdruck fand. Er und seine Familie bezahlen die beiden Pastoren und den Hausmeister! Über 200 Personen wurden dort bisher getauft.

Den Betrieb eines Krankenhauses mit 100 Betten und etwa 150 Angestellten (ein Fünftel davon Adventisten) aufrechtzuerhalten, ist eine enorme Herausforderung, wenn man bedenkt, dass die Behandlungsgebühren niedriger sind als in anderen Krankenhäusern (eine allgemeine Krankenversicherung gibt es in Sierra Leone natürlich nicht), kein Patient wegen Geldmangel abgewiesen wird (was sonst üblich ist) und Waisen kostenlos behandelt werden! Das gegenwärtige Jahresbudget beträgt etwa 800 000 US-Dollar, wovon nur ein Viertel durch Behandlungsgebühren hereinkommt. Das bedeutet, dass ungefähr 600 000 Dollar jedes Jahr aufgebracht werden müssen. Deshalb wird vorläufig die unermüdliche Suche nach Wohltätigkeitsorganisationen und Spendern weitergehen. Und ebenso dauern die Gebete von Harald, seiner Frau Karin und vielen Freunden an.

2009 wurde der Schweizer Unterstützungsverein von SSLDF in „Action Swiss Sierra Leone" (ASSL) umbenannt; Karin ist jetzt seine Vorsitzende. (Nach einem kürzlichen 10-tägigen Urlaub mit Harald in Spanien, wo sie auch an diesem Buch arbeiteten, warteten 80 E-Mails auf Beantwortung.) Hauptzweck des Vereins ist, SSLDF finanziell zu unterstützen und Spenden zu ermöglichen, die bei der Einkommensteuererklärung abzugsfähig sind. Mehrere fähige und hingebungsvolle Personen sind im Vorstand.

Obwohl der Aufbau des Krankenhauses die Hauptgeschichte ist, hat SSLDF noch mehrere andere Projekte verwirklicht. In diesem Buch wird davon berichtet. Das Ausmaß der durch SSLDF geleisteten Arbeit hat im Laufe der Jahre einen Betrag von ungefähr fünf Millionen US-Dollar erreicht (freiwillige Dienste nicht eingerechnet). Der geschätzte Wert der Kleidung, Nahrungsmittel, Räder usw., die bis jetzt der Bevölkerung gegeben wurden, beträgt mehr als eine halbe Million Dollar. Der allergrößte Teil der finanziellen Unterstützung kam aus nichtadventistischen Quellen.

Noch viel mehr könnte gesagt werden, aber dies ist nur eine Einführung. Da das Buch größtenteils von Harald und Karin geschrieben wurde, werden viele Aspekte, besonders von einer so bescheidenen und demütigen Person wie Harald, nicht erwähnt. Deshalb werde ich hier einige Details nennen.

Zuallererst kann man das Ausmaß der Hingabe von Harald und Karin nicht genug hervorheben. Bis vor drei Jahren lebten sie zum Beispiel in einer vollgestopften Zwei-Zimmer-Wohnung, wo SSLDF ein aufdringlicher dritter Bewohner war. Aus Raummangel wurden bei der nötigen Büroarbeit die Papiere auf ihrem Ehebett ausgebreitet – und mussten am Abend wieder weggeräumt werden.

Am Anfang der humanitären Arbeit lag der größte Teil der Korrespondenz in Karins Verantwortung – zusätzlich zu ihrem Halbtagsjob und der Hausarbeit. Ohne ihre geduldige und effiziente Unterstützung – bis an die Grenzen ihrer Leistungsfähigkeit, aber immer mit einem ermutigenden Lächeln und Worten der Dankbarkeit für die Hilfe Gottes auf den Lippen – hätte Harald nicht das leisten können, was er getan hat. Ihre Schlüsselrolle kann nicht überschätzt werden.

Bevor Harald Mitte 2004 nach Magbenteh zog, sind er und Karin frühmorgens aufgestanden, um – zusätzlich zu ihren eigenen Jobs – die Arbeit zu tun, die durch SSLDF und die umfängliche Vorbereitung des Verschiffens von Containern mit Hilfsgütern erforderlich ist. Glücklicherweise beteiligten sich einige Freunde und Helfer an dieser zeitraubenden Arbeit und wurden dadurch zu Experten, jeden verfügbaren Zentimeter der Container zu nutzen.

Nach dem Umzug sah Karin ihren Ehemann zunächst nur ungefähr zwei Monate im Jahr während seiner Besuche zu Hause in der Schweiz. Sie blieb dort, weil sie die erforderlichen Impfungen nicht vertrug. Erst seit Anfang 2006 – nach einer speziellen Behandlung – konnte sie schließlich Harald in Sierra Leone besuchen. Die Flüge zahlt sie jedes Mal selbst. Auch jetzt verbringt sie den größten Teil des Jahres in der Schweiz, um die Verbindung von ASSL mit SSLDF zu sichern, die Arbeit vieler freiwilliger Helfer in der Schweiz und im Hospital in Sierra Leone zu koordinieren und sich mit bisherigen und potenziellen Spendern in Verbindung zu setzen.

In Sierra Leone hat sich Harald an lokale Gewohnheiten angepasst. Er ernährt sich wie die armen Einwohner, und unterwegs geht er in die billigen Restaurants, in denen eine ausreichende Mahlzeit weniger als einen Dollar kostet.

Gelegentlich erlebt er auch angenehme Überraschungen. Eines Tages, als er in Sierra Leones Hauptstadt Freetown war, klopfte ein Polizist auf einem Motorrad an das Fenster seines Fahrzeugs. Bevor er etwas sagen konnte, fragte der Polizist: „Erkennst du mich noch? Ihr habt meine Schulausbildung bezahlt, und nun mache ich diesen Dienst und habe gute Perspektiven für meine Zukunft." Ähnliche Begegnungen gibt es des Öfteren und die unerwarteten Bekundungen von Dankbarkeit versüßen Haralds Tag!

Einige Leser mögen sich über Haralds Hut wundern (siehe den Titel dieses Buches); er ist inzwischen legendär. Als blonder Norddeutscher ist seine Haut für Sonne sehr empfindlich. So muss er bei dem starken Sonnenschein in Afrika sehr vorsichtig sein. Sein Hut ist dort ein Muss.

Es sollte noch etwas über dieses Buch gesagt werden. Harald brauchte viel Ermutigung, um sich überhaupt mit dem Schreiben zu befassen. Er ist ein Mann der Tat; die Geschichte dessen, was er getan hat, beschäftigt sein Denken nicht. Ich habe versucht, ihn zu motivieren – besonders, nachdem der Advent-Verlag von seinem Wirken in Sierra Leone (durch eine Titelgeschichte von mir in der Zeitschrift *Adventist World* vom August 2006)[2] Kenntnis erhielt und ihn bat, seine ganze Geschichte aufzuschreiben. Er akzeptierte schließlich die Aufgabe – wohl auch, weil er begriffen hat, dass er auf diese Weise Gott die Ehre geben könnte (was er immer tut) und Leser anregen könnte, sich von Gott führen zu lassen und etwas Ähnliches zu tun oder sich auf andere Weise in einem Entwicklungsland zu engagieren (SSLDF lehnt keinen Freiwilligen ab).

Zweitens ist er kein Schreiber – das sagt er selbst. Nachdem er mehr als 30 Jahre im französisch sprechenden Teil der Schweiz gelebt hat und mehrere Jahre in Sierra Leone, wo Englisch die

---

[2] Siehe www.adventistworld.org/article.php?id=4&year=2006; eine gekürzte Version erschien im *ADVENTECHO*, Februar 2008.

Verkehrssprache ist, drückt er sich in diesen Sprachen gewandter aus, als in seiner Muttersprache Deutsch. Deshalb war das Schreiben des Manuskripts für ihn wohl härter als die meiste Arbeit, die er in Sierra Leone getan hat. Glücklicherweise ist Karin das lebende Gedächtnis der ganzen Geschichte; sie hat die Teile zusammen- und viele Tatsachen und Fakten eingefügt.

Aber noch eine andere Person verdient es, in diesem Zusammenhang erwähnt zu werden. In seiner Aufgabe als Buchlektor hat Werner E. Lange mehrere Jahre lang Harald und Karin zum Schreiben ermutigt, auch wenn kein gutes Deutsch dabei herauskommen sollte. Er hat Vorschläge gemacht, viele Fragen gestellt, das Material strukturiert und schließlich jeden Satz poliert. Ohne seine beharrlichen Bemühungen wäre dieses Buch nie erschienen, zumindest nicht in dieser Form. Es wird kurz nach Haralds 70. Geburtstag veröffentlicht und ist sicher eines der besten Geschenke, die er erhalten könnte.

Dieses Buch ist eine Saga eines in Liebe tätigen Glaubens (vgl. Gal 5,6) – ein bewegendes „Abenteuer mit Gott“ – auf dem Hintergrund von großen Herausforderungen und Prüfungen, häufigen negativen Überraschungen sowie kleinen und großen Siegen. Harald, Karin und ihre Freunde sind die offensichtlichen Hauptfiguren; aber die Hauptperson, die sich immer wieder durch ihr Eingreifen offenbart hat, ist der Herr selbst. Er ist bereit gewesen, seine menschlichen Werkzeuge einzusetzen, um etwas Großes zugunsten der kranken und armen Bevölkerung Sierra Leones aufzubauen.

Harald hat diesem Land viele Jahre seines Lebens und seiner Energie, seines Geldes und seiner Gesundheit gewidmet. Ist ein Ende seiner unmittelbaren Arbeit vor Ort in Sicht? Leider nicht – zumindest vorläufig nicht –, selbst wenn Melissa, seine im Juni geborene Enkelin nun ihre kleinen Arme ausstreckt, um zu Hause einen Mann zu begrüßen, der eine Vision bekam, leidenden Menschen zu helfen, und sie mit der Hilfe Gottes und zu dessen Ehre in die Wirklichkeit umsetzte.

Tatsache ist, dass in Magbenteh noch viele Dinge unerledigt sind. Zusätzlich zu notwendigen Erweiterungen des Hospitals (die

Kapazitäten der Abteilungen sind mehr als ausgeschöpft) braucht Harald die Gewissheit, dass die Finanzierung langfristig gesichert ist und weiterhin fähiges und vertrauenswürdiges Personal gefunden wird (ausländische Ärzte können z. B. immer nur für ein Jahr angestellt werden), damit das Krankenhaus die Mission erfüllen kann, für die es gebaut worden ist. Mit anderen Worten: Damit Harald zu Hause bleiben kann, müsste er einen Nachfolger finden – einen qualifizierter, hingegebenen, ehrlichen, geistlichen und hart arbeitenden Mann, der die vielen Projekte am Laufen hält und neue verwirklicht. Das bleibt für ihn ein dauerhaftes Gebetsanliegen. Aber vielleicht hat der Herr eine andere Lösung …

Ich hoffe – und bete – dass die Leser dieses Buches angeregt werden, irgendwie dem Beispiel Haralds auf persönlicher Ebene in ihrem täglichen Leben zu folgen – wo auch immer sie sein mögen. Jesus sagte: „Arme wird es immer bei euch geben und ihr könnt ihnen helfen." (Markus 14,7) Sie bilden eine dauerhafte Gelegenheit, die Gesinnung unseres Erlösers zu leben, der alles hingab, was er hatte – einschließlich sein Leben – für jeden von uns. Und in einer Geschichte über das Weltgericht sagte Jesus: „Was ihr für einen meiner geringsten Brüder oder für eine meiner geringsten Schwestern getan habt, das habt ihr für mich getan.'" (Matthäus 25,40) Dieser Bibeltext hat auch Harald in seiner Arbeit außerordentlich ermutigt.

Möge jeder Leser in bedürftigen Menschen Jesus entdecken und entsprechend handeln!

Pietro Copiz

Kapitel 1

Meine Kindheit und Jugendzeit

Werder ist ein schönes Städtchen an der Havel bei Potsdam, ein Ausflugsort vieler Berliner und Brandenburger – weithin bekannt durch das jährliche Baumblütenfest im Mai – mit einer malerischen Altstadt auf einer kleinen Insel. Ihr gegenüber liegt oberhalb der Havel die Wachtelburg, ein ehemaliges Ausflugslokal, das ab 1893 unter dem Einfluss der Kaiserin Auguste Viktoria im neogotischen Burgenstil erbaut worden war. 1947 erwarb die Gemeinschaft der Siebenten-Tags-Adventisten die völlig verwahrlosten Gebäude. Sie wurden renoviert und seitdem als Tagungsort für Gemeindeveranstaltungen und für Kinder- und Jugendfreizeiten genutzt.

In Werder wurde ich während des zweiten Weltkrieges am 29. August 1941 als viertes Kind von Franz und Margarete Pfeiffer geboren. Mein Vater war Soldat und kam nur selten nach Hause. 1944 war er in Frankreich stationiert; von dort bekamen wir die letzte Nachricht von ihm. Damals war ich erst drei Jahre alt; infolgedessen habe ich keinerlei Erinnerungen an ihn.

Wir wuchsen in einer bescheidenen, adventistischen Familie auf – wie viele Kinder damals in Deutschland als Halbweisen. Meine Mutter musste wie alle Kriegerwitwen den ganzen Tag hart arbeiten, um für die Versorgung ihrer vier Kinder aufzukommen, da es in Ostdeutschland keine Rente für sie gab.

Meine beiden Schwestern, Heidi und Gudrun, gingen 1953 bzw. 1954 nach Potsdam, wo sie die Medizinische Fachschule besuchten, um Krankenschwestern zu werden, und mein Bruder Franz zog zu unserer Großmutter auf die Elisabethhöhe im Ortsteil Glindow, um eine Lehre als Kraftfahrzeugschlosser zu absolvieren. Daher war ich nach dem Schulunterricht allein zu Hause und verbrachte den

Familie Pfeiffer 1942: Mutter Margarete mit Harald auf dem Schoß und seinen Geschwistern Franz, Adelheid und Gudrun (re.)

größten Teil meiner Freizeit auf der Straße mit meinen Freunden. Sie übten nicht immer einen guten Einfluss auf mich aus.

Mit zwölf Jahren trat ich einem Ringerverein bei, wo ich mit älteren Vereinskameraden zusammen war. Damit kam ich leider in schlechte Gesellschaft, denn die älteren Jungen rauchten und genossen reichlich alkoholische Getränke. Im Ringen war ich gut und wurde vom Verein gefördert. Die Wettkämpfe fanden natürlich oft außerhalb von Werder statt, wo wir dann danach unseren Vergnügungen nachgingen.

Manchmal wurde ich rauchend und betrunken von Gemeindegliedern gesehen. Sie unterrichteten meine Mutter davon. Die war darüber erstaunt und entsetzt und konnte es nicht glauben, bis sie mich genauer beobachtete und feststellen musste, wie weit ich bereits gesunken war. Dies motivierte sie, Wege zu suchen, um mich aus dieser Situation herauszuholen. Sie versuchte, mich mehr mit den adventistischen Jugendlichen auf der Wachtelburg in Kontakt zu bringen. Daran hatte ich aber bereits kein Interesse mehr, da mir meine Clique mehr zusagte.

Unsere Übersiedelung nach Westdeutschland

Inzwischen schrieben wir das Jahr 1956. Es gab kaum noch eine Möglichkeit, die „Deutsche Demokratische Republik" zu verlassen. Aber nach langem Überlegen hatte meine Mutter einen Plan. Auf dem Gemeindeamt in Werder wollte sie angeben, dass ihre alte Mutter, die in Hildesheim wohnte, dringend Pflege brauchte. Mit dieser Begründung stellte sie den Antrag auf Ausreise nach Westdeutschland mit mir als ihrem 14-jährigen Sohn. Mein Bruder Franz sollte bei seiner anderen Großmutter in Glindow bleiben, um seine Lehre abzuschließen.

Für die Ausreise gab es viele Schwierigkeiten zu überwinden. Die größte bestand darin, dass ich mit dem Entschluss meiner Mutter nicht einverstanden war, weil ich meinen Freundeskreis nicht verlassen wollte. Auch der Vereinstrainer wollte mich nicht gehen lassen. Meine Mutter wandte mir gegenüber eine List an und sagte: „Wenn es dir im Westen nicht gefällt, kannst du nach einem Monat wieder zurückkehren." Sie wusste wohl, dass man sicher nicht mehr zurück wollte, wenn man einmal im Westen war.

Tatsächlich wurde ihr Ausreiseantrag bewilligt. So kam es, dass wir im Juli 1956 mit nur zwei Koffern (mehr durfte man nicht mitnehmen) nach Braunschweig übersiedelten. Dort übernahm meine Mutter den Hausmeisterposten im Adventhaus. Sie bekam ein Zimmer auf der ersten Etage des Hauses zugewiesen, ich erhielt auf der zweiten eines.

Für uns aus dem Osten war Westdeutschland wie ein Schlaraffenland. Aber davon konnten wir nicht profitieren, da wir praktisch mittellos dastanden. Wir hatten nicht genügend Geld zur Verfügung, um die nötigen Lebensmittel und Bekleidung zu kaufen. Da mein Vater immer noch als vermisst galt, hatte meine Mutter keinen Anspruch auf Kriegswitwenrente. So begann sie, über das dafür zuständige Amt Nachforschungen anzustellen, ob etwas über seinen Verbleib zu erfahren war. Es dauerte über ein Jahr, bis wir aus Paris die Nachricht erhielten, dass mein Vater tatsächlich 1944 in Frankreich gefallen war.

Es war die Elvis-Presley-Zeit. Viele Jugendliche kleideten sich mit Lederjacken und Jeans. Ich ging am ersten Schultag in meiner Ostbekleidung zur Schule. Die Schüler amüsierten sich derart über mein Äußeres, dass ich zu meiner Mutter sagte: „Ich werde die Schule so lange nicht mehr betreten, bis ich modernere Kleidung habe.“ Da ich von Natur aus schüchtern war, hatte mich das Verhalten der Mitschüler besonders stark getroffen.

Aber woher sollte meine Mutter das Geld nehmen, um mir die gewünschten Sachen kaufen zu können? Sie fand einen Weg. Wir fuhren an mehreren Wochenenden mit dem Fahrrad 40 Kilometer zu einem Bauern, bei dem eine meiner Tanten arbeitete, und rodeten dort sonntags Rüben, bis wir das Geld für die entsprechende Kleidung verdient hatten.

Mein langer Weg zu Gott

Im Übrigen war ich von allem um mich herum enttäuscht. Ich rebellierte und haderte mit Gott. Von der Gemeinde wollte ich noch weniger wissen als zuvor. Dadurch rutschte ich weiter ab und kam in ähnlich schlechte Gesellschaft, wie ich sie in Werder verlassen hatte. Die alten Gewohnheiten brachen wieder durch.

Als meine Mutter erneut feststellen musste, dass sie keinen Einfluss auf mich hatte, klammerte sie sich umso mehr an Gott. Nur von ihm konnte Hilfe kommen.

Im Adventhaus wohnten zwei Pastorenfamilien. Auf der Etage, auf der sich mein Zimmer befand, wohnte Familie Seel. Der Vater war zu der Zeit Schatzmeister der Adventgemeinde. Sie hatten einen Sohn, Harri, der in meinem Alter war. Er hatte sich bereits mit 15 Jahren taufen lassen. Wir freundeten uns schnell an, aber unsere Lebensauffassungen stimmten nicht überein.

Harri versuchte immer wieder, seine Glaubensüberzeugungen mir schmackhaft zu machen. Es vergingen jedoch einige Jahre, bis ich anfing, mir darüber ernsthafte Gedanken zu machen.

1958 fuhren Harri und ich mit dem Moped nach Brüssel zur Weltausstellung. Unser Budget pro Person betrug damals 100 DM für drei Wochen. Das sollte für Benzin, Essen und den Camping-

Auf unseren Mopeds nach Brüssel (rechts Harri)

platz reichen. Jedes Mal, wenn ich mir Zigaretten oder ein Glas Bier kaufen wollte, sagte mein Freund Harri: „Warum machst du das? Sieh mich an: Ich brauche das nicht." Manchmal beeindruckte mich seine Lebensweise, aber ich schob den Gedanken, so wie er zu leben, immer wieder zur Seite.

Zu dieser Zeit, die schon schwierig genug für meine Mutter und mich war, holte sie meinen Bruder Franz aus der DDR zu uns nach Braunschweig, weil es ihm gesundheitlich nicht gut ging. Wir teilten nun mein kleines Zimmer im Adventhaus – und auch die schlechten Gewohnheiten.

Meine Mutter betete inbrünstig um Hilfe, denn wir brachten sie an den Rand der Verzweiflung. Viele Jahre später sagte sie mir: „Wenn Gott nicht in dieser Zeit mein Beistand gewesen wäre, hätte ich mir das Leben genommen."

Im darauf folgenden Jahr machten Harri und ich unsere nächste Reise mit dem Moped. Dieses Mal ging es nach Venedig an den berühmten Strand „Lido de Jesolo". Unsere finanziellen Verhältnisse glichen denen des Vorjahres. Harri wurde nicht müde, mir immer wieder seine Überzeugungen mitzuteilen. Seine vorbildliche gesunde Lebensweise behielt er natürlich bei.

Seine Standhaftigkeit rief bei mir schließlich das Interesse hervor, mehr über den adventistischen Glauben kennenzulernen. Nach unserer Rückkehr aus dem Urlaub entschied ich mich, Bibelunterricht zu nehmen. Das bereitete meiner Mutter große Freude, denn sie sah das als Erhörung ihrer Gebete an.

Harri nahm mich zu den Bibel- und Jugendstunden mit. Dort war auch ein Mädchen namens Karin Rickmann. Sie war bereits in der Jugendgruppe engagiert. So lernte ich sie kennen.

Karins Herkunft

(Karin:) Meine Mutter Magda kam während des Krieges aus Schlesien zum Arbeiten nach Nienburg an der Weser und lernte meinen Vater Otto Rickmann kennen, der dort als Soldat stationiert war. Er war Witwer mit einer kleinen fünfjährigen Tochter, Marlis. 1942 heirateten meine Eltern und zogen nach Braunschweig. Dort wurde ich dann im April 1943 geboren.

Als Braunschweig 1944 bombardiert wurde, wurden die Frauen mit ihren Kindern evakuiert. Meine Mutter fuhr mit uns nach Breslau zu ihrer Schwester, die dort mit ihrer Familie lebte. Aber nach dem Krieg wurde Breslau von den Polen besetzt. Wir wurden alle zunächst in die Grafschaft Glatz in ein Kloster evakuiert. Erst im März 1947 konnten wir mit Viehtransportwagen nach Westdeutschland zurückkommen und wurden in einem Auffanglager entlaust. Daran kann sich meine Schwester noch gut erinnern; es war wohl sehr unangenehm.

Wir wurden dann in irgendwelche Unterkünfte wie leerstehende Fabriken oder kleine Hotels aufgeteilt. Mein Vater suchte uns durch das Rote Kreuz und fand uns in der Nähe von Osnabrück. Es gab ein großes Wiedersehen, aber die vielen schmerzlichen Erinnerungen an das, was die Frauen in Schlesien erlebt hatten, blieben.

Familie Rickmann 1947
(v. l.: Karin, Vater Otto, Marlis, Mutter Magda)

Wir konnten in unsere Wohnung nach Braunschweig zurückkehren. Eines Tages klingelte es an unserer Tür und eine junge Frau lud meine Mutter zu christlichen Vorträgen ein. Meine Mutter ging hin und wurde ergriffen von dem, was sie dort hörte, denn sie hatte im Kloster Gott ein Versprechen gegeben: Wenn wir alle heil zurückkämen, dann wollte sie sich einer Kirche anschließen, um Gott ihren Dank zu zeigen. Von Haus aus war sie katholisch erzogen worden, war aber auf der Suche nach dem wahren Glauben.

Sie bekam vom Pastor Bibelunterricht und beschloss, aus der Kirche auszutreten, sich taufen zu lassen und der Gemeinschaft der Siebenten-Tags-Adventisten anzuschließen. Ich war auch katholisch getauft worden, aber meine Mutter nahm mich nun immer mit zu den Gottesdiensten. Meine Schwester und mein Vater kamen ab und zu auch mit. Marlis fand Freude an den Kinder- und Jugendfreizeiten.

Als ich 16 Jahre alt war, entschloss ich mich, aus der Katholischen Kirche auszutreten und auch Bibelstunden zu nehmen. Die Jugendgruppe war sehr aktiv und wir unternahmen viel. Wir hatten zu der Zeit immer Jungprediger (Rolf Stahl, Werner Zacharias und Lothar Günter), die biblische Laienspiele mit uns einübten. Damit begeisterten wir verschiedene Adventgemeinden.

In jener Zeit kamen Harri und Harald zu den Jugendstunden. Wir trafen uns dann auch bei den gemeinsamen Bibelstunden. Ich merkte, dass Harald, der sehr zurückhaltend war, mir mehr und mehr gefiel. Oft fuhr ich in der Woche unter irgendeinem Vorwand zum Adventhaus am Bültenweg und half manchmal Haralds Mutter, die Kapelle zu reinigen - vor allem, um dann auch ihn zu sehen. Irgendwann - ich merkte es zunächst kaum - fing auch bei Harald eine kleine Flamme zu brennen an. Da wir mit der Jugendgruppe viel unterwegs waren, sahen wir uns sehr oft. Schließlich merkten wir, dass wir zusammenbleiben wollten.

Für seine wie auch für meine Mutter war es eine große Freude, als wir uns entschlossen, uns gemeinsam taufen zu lassen.

Unsere Taufe auf der Wachtelburg

(Harald:) Für mich öffnete sich ein neuer Weg, von meinen alten Gewohnheiten loszukommen. Mit der ständigen Unterstützung von Harri und Karin machte ich bald Fortschritte in meiner neuen Lebensweise. Ich verspürte nun kein Verlangen mehr, den alten Weg weiterzugehen.

Die Braunschweiger Jugendgruppe war sehr aktiv. So fand ich schnell einen neuen Freundeskreis, und folglich gab es eine völlige Trennung von meinen alten Beziehungen. Nun verstand ich auch Harri besser, denn ich brauchte keinen Alkohol und keine Zigaretten mehr, weil ich ein völlig neues Leben begonnen hatte.

Jedes Jahr zu Pfingsten fanden auf der Wachtelburg Jugendfreizeiten statt, deren Höhepunkt eine Taufe war. Karin und ich entschlossen uns, uns dort gemeinsam von Pastor Johannes Mager (dem späteren Predigtamtssekretär der Euro-Afrika-Division) taufen zu lassen.

Auf einem Ausflug der Braunschweiger Jugendgruppe

Fünf Jahre waren vergangen, seit ich mit meiner Mutter die DDR verlassen hatte. Die Reise nach Werder war bis 1961 ohne besondere Erschwernisse möglich. Karin und ich fuhren nach Babelsberg zu meiner Schwester Heidi und deren Mann Dieter Schwarz. Sie hatten zwei Kinder, Dietmar und Uta.

Die Wachtelburg an der Havel

Am Sabbatmorgen fuhren wir gemeinsam auf die Wachtelburg, wo die Jugendlichen schon alles für die Tauffeier vorbereitet hatten. Es herrschte überall ein reges Treiben. Da sich das Taufbecken unter freiem Himmel befand und das Wasser nur 9 Grad hatte, füllte man heißes Wasser dazu, damit es etwas angenehmer war. Da es bewölkt war, wurde in der Küche der Bollerofen angefeuert, um sich nach der Taufe aufwärmen und warmen Tee trinken zu können.

Mit Karin und mir wurden sechs weitere Jugendliche getauft. Wir waren alle ziemlich schüchtern und brachten kein Wort heraus, als Johannes Mager versuchte, uns ein bisschen aus der Reserve zu locken. Erst nach der Taufe bei heißem Tee und leckerem Kuchen wurde es lockerer, und plötzlich fiel es mir leichter zu erzählen, wie ich zu Gott gefunden habe.

Es wurde fleißig musiziert, gesungen und gelacht. Wir hatten das Gefühl, zu einer großen Familie zu gehören und verbrachten einen gesegneten Sabbat, der uns lebendig in Erinnerung blieb.

Kapitel 2

Unser beruflicher Werdegang

Ein neuer Lebensabschnitt begann, als ich nach meinem Schulabschluss mehrere Jobs annahm, die ich jedoch nur kurz innehatte. Durch meinen Bruder fand ich eine Anstellung im Braunschweiger Volkswagenwerk als Arbeiter am Fließband. Karin begann eine dreijährige Lehre als Schneiderin. Wir unternahmen weiterhin viel mit unserer Jugendgruppe und waren bei jedem organisierten Treffen dabei. Da wir nun jeder einen kleinen Verdienst hatten und ineinander verliebt waren, entschlossen wir uns, den gemeinsamen Lebensweg offiziell zu beginnen.

Auf dem Standesamt

Ende August 1962 heirateten wir. Ich war 21 und Karin 19. Uwe Deertz, der gerade mit seiner Familie nach Hamburg umgezogen war, erklärte sich bereit, uns zu trauen. Er war einige Jahre unser Pastor in der Braunschweiger Adventgemeinde gewesen und von Harald Weigt abgelöst worden.

Wir als glückliches Brautpaar ...

mit Olaf Deertz, Henrike Klingeberg

Ich gab meine Stelle im Volkswagenwerk auf und wurde Taxifahrer. Dieser Job sagte mir aber auf Dauer nicht zu, da in verschiedenen Schichten gefahren wurde und ich nicht am Freitagabend oder am Sabbat fahren wollte. 1964 arbeitete ich dann sechs Monate als Buchevangelist in Braunschweig. Das war schwierig.

Meine Schwiegermutter kannte eine adventistische Physiotherapeutin, die hin und wieder zu ihr kam, und stellte mich ihr vor. Sie schaffte es, mir ihren Beruf schmackhaft zu machen.

Ich begann, Erkundigungen über eine Ausbildung einzuholen, und entschloss mich für eine auf der renommierten Dr. Rohrbach-Schule in Kassel-Wilhelmshöhe. Das würde jedoch bedeuten, von Braunschweig wegziehen zu müssen, was uns im Moment gar nicht gefiel. Da wir unsere Wohnung behalten wollten und Karin ihre Arbeitsstelle als Schneiderin, planten wir, dass ich an den Wochenenden nach Hause kommen konnte. Es traf sich gut, dass ein Studienkollege ebenfalls aus Braunschweig kam und ein Auto besaß. Mit ihm konnte ich an den Wochenenden mitfahren. Zu unserer großen Freude war im Januar unser Sohn Björn geboren worden.

Die Zeit war ausgefüllt mit dem Lernen von neuen, interessanten Dingen. Zum ersten Mal hatte ich das Gefühl, den richtigen Beruf gewählt zu haben. Ich lernte mit Eifer und absolvierte ein Jahr Praktikum in Braunschweig und sechs Monate in der Unfallklinik in Hamburg-Bergedorf. Im September 1967 bekam ich meine Urkunde zur Ausübung meines Berufes überreicht.

Unser Wunsch bestand darin, in ein paar Jahren eine eigene Praxis zu eröffnen. Meine Mutter arbeitete im Haushalt eines selbstständigen Physiotherapeuten, der seine Praxis nach 50 Jahren Berufstätigkeit aufgeben wollte. Wir erzählten ihm von unserem Plan einer eigenen Praxis, doch bevor man sich selbstständig machen durfte, musste man zwei Jahre Berufserfahrung nachweisen. Danach sollten wir seine Praxis übernehmen.

Wir hatten gute Freunde in Basel, mit denen wir unseren jährlichen Sommerurlaub in Jugoslawien verbrachten. Durch sie wurde ich motiviert, eine Stelle in der Schweiz zu suchen. Ich bewarb mich bei den Städtischen Sportbetrieben in Bern und bekam eine Zusage. (Später betreute ich unter anderem auch die Profifußballmannschaft von Young Boys Bern mit recht bekannten Spielern, wie ich dann feststellte.)

Wir zogen daher im September 1967 mit unserem kleinen Sohn Björn nach Bern. In der dortigen Adventgemeinde wurden wir herzlich aufgenommen. Wir behielten aber vorläufig unsere Wohnung in Braunschweig, die wir mit meiner Mutter geteilt hatten, da wir ja nach zwei Jahren wieder zurückkommen wollten.

Der rote Faden, den Gott in unserem gemeinsamen Leben zu spinnen begonnen hatte, wurde in Bern weitergesponnen. Dort bekamen wir Kontakt zu Gemeindegliedern, die uns von der Klinik „La Lignière" erzählten – einer adventistischen Institution in Gland am Genfer See zwischen Lausanne und Genf, 1905 gegründet. Wir hatten zuvor noch nie davon gehört, waren aber sehr daran interessiert, in einem adventistischen Unternehmen zu arbeiten.

Anstellung in der Klinik „La Lignière"

Wir bekamen einen Gesprächstermin beim damaligen Direktor Sylvain Meyer und beim Chefarzt Dr. Brennwald. Von der herrlichen Lage der Klinik mit dem dahinter liegenden Schweizer Jura mit seinen Wäldern auf der einen Seite und dem Genfer See mit den französischen Alpen (samt dem imposanten Mont Blanc) auf der anderen Seite waren wir mehr als begeistert. Wir wünschten uns sehr, dort arbeiten und wohnen zu können.

Daher bewarben wir uns dort und bekamen zu unserer großen Freude eine Zusage. Dann ging alles sehr schnell. Ich kündigte meine Arbeit in Bern und wir zogen in ein kleines Häuschen auf dem Gelände von La Lignière, unmittelbar am See gelegen. Man übertrug mir die Leitung der Physiotherapieabteilung, die es nötig hatte, erneuert zu werden. Durch meine gute Verbindung zu Dr. Herbert Stöger, der damals für das adventistische Gesundheitswesen in der Euro-Afrika-Division (mit Sitz in Bern) verantwortlich war, konnten wir eine moderne Physiotherapieabteilung aufbauen.

Die Klinik La Lignière um 1970

Die Geschichte der Klinik La Lignière

Im Jahr 1904 wurde die Domäne La Lignière in Gland für die Siebenten-Tags-Adventisten erworben, um darauf ein „Institut der Gesundheit" entstehen zu lassen. Man praktizierte dort vor allem Massagen und Elektrotherapien. Zu der Zeit war die Kapazität auf etwa 10 Patienten ausgelegt. Bereits 1905 wurde die Klinik durch erste Anbauten erweitert. Neben der Behandlung von Patienten wurden nun auch Krankenpfleger ausgebildet. 1915 öffneten die chirurgische Abteilung und die Frauenklinik.

1954 wurde die Klinik um ein Hallenbad, einen Gymnastikraum, eine Apotheke, die Radiologieabteilung, ein Laboratorium und eine Entbindungsstation erweitert. Zu dieser Zeit konnten bis zu 70 Patienten stationär aufgenommen werden.

1977 entstand in der Klinik La Lignière unter der Leitung von Dr. Jaggi das erste Rehabilitationszentrum für Herz-Kreislauf-Erkrankungen in der französischen Schweiz.

1993 wurde der neue Salon angebaut und 1998 öffnete das Gesundheits- und Fitnesszentrum „Acquaforme" seine Türen. In diesem neuen Komplex werden Krankengymnastik, Physiotherapie im Wasser und neurologische, orthopädische und rheumatologische Rehabilitation durchgeführt.

2003 wurde die Klinik La Lignière mit der Auszeichnung „Gesundheitsförderndes Krankenhaus" durch die Weltgesundheitsorganisation (WHO) geehrt.

Zurzeit hat die Klinik eine Kapazität von 95 Betten und ist auf Herz-Kreislauf-, neurologische, orthopädische und rheumatologische Rehabilitation sowie auf Folgebehandlungen, Innere Medizin und Psychiatrie spezialisiert.[3]

[3] Quelle: www.laligniere.ch/site/pages/default.aspx?id=601.

Die Chance, eine eigene Praxis zu bekommen

Eines Tages bekamen wir von meiner Mutter die Nachricht, dass der Physiotherapeut in Braunschweig, von dem ich die Praxis übernehmen sollte, gestorben und seine Praxis verkauft worden war. Das war natürlich zuerst eine große Enttäuschung für uns. Aber unser Leben wurde von Gott in eine andere Richtung gelenkt.

Bei uns meldete sich erneut Zuwachs an. Da unser Häuschen aber nicht genügend Platz für eine vierköpfige Familie bot und ich auch inzwischen mehr als zwei Jahre Berufserfahrung erworben hatte, zogen wir in Erwägung, uns in Süddeutschland eine neue Tätigkeit und Bleibe zu suchen. Wir studierten Zeitungsannoncen und interessierten uns für eine Physiotherapiepraxis, die im Schwarzwald angeboten wurde.

Wir unterrichteten den Direktor der Klinik La Lignière von unserer Absicht. Er war von unserem möglichen Weggang nicht begeistert und machte uns ein Angebot. Sie wollten sich bei einem Architekten und einem Ingenieur erkundigen, ob die Möglichkeit bestand, unser Haus zu vergrößern, damit genügend Platz für die wachsende Familie vorhanden wäre.

Die Eigentümerin der Praxis im Schwarzwald, für die sich natürlich viele Bewerber interessierten und vorstellten, bevorzugte gläubige Menschen. Damit kamen wir in die engere Wahl. Wir selbst machten diese Entscheidung für uns zu einem Gebetsanliegen: Ließe sich das Haus auf dem Gelände der Klinik vergrößern, wollten wir bleiben; wenn das nicht der Fall wäre, würden wir uns für die Praxis im Schwarzwald entscheiden.

Zu gleicher Zeit, als wir die positive Nachricht von der Eigentümerin bekamen, dass sie uns ausgewählt hatte, teilte uns der Direktor der Klinik mit, dass die Möglichkeit zum Vergrößern unseres Häuschens bestand. Damit war unsere Entscheidung gefallen. Wir sagten im Schwarzwald ab und lösten die Wohnung in Braunschweig auf. Meine Mutter zog nach Berlin, um in der Nähe meiner beiden Schwestern zu sein. Karin und ich entschlossen uns, unser Leben in der Schweiz zu verbringen.

Im August 1970 wurde unsere Tochter Kerstin geboren. Es begann für uns eine schöne Zeit in der Schweiz. In der Klinik arbeiteten viele Angestellte, die deutsch sprachen. Sie kamen aus der deutschsprachigen Schweiz, aus Deutschland und Österreich. In unserer Freizeit und an Wochenenden unternahmen wir zusammen Ausflüge in die Berge oder mit dem Boot auf dem See. Dabei konnten wir neue Kontakte knüpfen. Wir gaben uns aber auch viel Mühe, die französische Sprache noch besser zu erlernen.

Unsere Familie 1971: Einladung bei Freunden aus der Gemeinde

In der Physiotherapieabteilung gab es reichlich zu tun – nicht nur mit den Patienten, sondern auch in Bezug auf die Organisation und Innovationen. Erneuerungen waren wichtig, um eine modernere, funktionelle Physiotherapieabteilung zu schaffen. Die Arbeit befriedigte mich, und ich war mit vielerlei Aktivitäten beschäftigt.

Karin versorgte mit viel Liebe unsere beiden kleinen Kinder und hatte deshalb vorerst ihre berufliche Tätigkeit aufgegeben.

Das Verlangen nach einem Sabbatjahr

Die Jahre gingen rasch dahin. Ich hatte eine wunderbare Familie, eine Frau, wie man sie sich besser nicht wünschen konnte, und zwei wohlgeratene Kinder. Karin machte eine Ausbildung als Masseurin und begann 1977, auf Teilzeitbasis ebenfalls in der Klinik zu arbeiten. 1981 absolvierte Karin einen Kurs für Fußpflege in Hannover und konnte damit einen noch nicht existierenden Posten in der Klinik decken und 50 % arbeiten. La Lignière hatte sich inzwischen auf die Rehabilitation von Patienten nach einer Herzoperation spezialisiert. Aber viele kamen einfach, um Gewicht zu verlieren.

Unser Leben verlief wunschgemäß. Aber etwas muss mir in die Wiege gelegt worden sein: Fernweh. Von jeher zog es mich in die weite Welt. Als Jugendlicher hatte ich mit Harri Seel ja schon einiges unternommen. In ferne Länder bin ich immer gern gereist wie zum Beispiel nach Nordafrika, Israel, Indien, Australien, Neuseeland, Tahiti und Amerika. So entwickelte sich bei mir im Jahr 1987 nach 20-jähriger Tätigkeit in der Klinik La Lignière der Gedanke, ein „Sabbatjahr" zu nehmen und für einige Zeit etwas ganz anderes zu machen.

Das war natürlich leichter gesagt als getan, denn es gab einige Hindernisse und Probleme, die es zu überwinden galt. Mir schwebte nicht etwa ein Faulenzerjahr vor, sondern ich wollte ganz einfach einmal etwas anderes, etwas Neues machen.

Aber „der Mensch denkt und Gott lenkt". Wir sind eine christliche Familie, und Gott war immer der Mittelpunkt unseres Lebens. Wenn ich heute zurückschaue, sehe ich, wie sich der rote Faden weiter in meinem Leben entsponn, weil Gott immer wieder Dinge regelte.

Zuerst diskutierte ich meine Gedanken mit der Familie, dann mit der Direktion der Klinik. Die Diskussionen erstreckten sich bis zur Dienststelle der Euro-Afrika-Division in Bern, wo meine obersten Chefs saßen. Nach ausführlichen Erklärungen meinerseits wurde mein Vorhaben eines Sabbatjahres bewilligt.

Und so begann mein Abenteuer mit Gott, denn alles kam völlig anders, als ich es gedacht hatte.

Dr. Stöger, der immer noch Leiter der Gesundheitsabteilung der Division war, bot mir eine Stelle als Physiotherapeut in einem Leprahospital in Sierra Leone an, das von unserer Kirche betrieben wurde (es gehörte dem Staat). Ich war erstaunt und überrascht, denn ich wollte ja nicht wieder als Physiotherapeut arbeiten. Und wo befand sich Sierra Leone überhaupt? Es klang wie ein Land in Südamerika. Das war mir aber auch egal, denn die Stelle interessierte mich nicht und deshalb sagte ich Dr. Stöger ab.

Anschließend wollte ich aber dennoch wissen, wo Sierra Leone liegt, und fand es auf einer Landkarte in einem Atlas: ein kleiner Staat in Westafrika zwischen Guinea und Liberia. Ich fragte mich: *Was habe ich in Afrika zu tun?* Da wollte ich doch gar nicht hin!

Aber Dr. Stöger blieb hartnäckig. Er kam zurück, um mich mehr mit Land und Leuten bekanntzumachen. Zusätzlich überließ er mir auch Unterlagen über das Leprahospital in Masanga. Das ist der Name des Ortes, wo die Patienten behandelt wurden. Es lag komplett abgeschieden im afrikanischen Busch. Was sollte ich da? Meine Antwort war deshalb immer wieder „Nein".

Dr. Stöger kam ein letztes Mal, um mich umzustimmen. Er erzählte mir von Dr. Kazen, einem schwedischen Chirurgen, der seit 13 Jahren dort sein Leben opferte, um diesen Kranken zu helfen. Er operierte vor allem die verkrümmten Finger der Leprakranken. Sie benötigten nach jeder Operation einen Physiotherapeuten für die Rehabilitation. Der zu der Zeit dort arbeitende Physiotherapeut musste unvorhergesehen nach Europa zurückkehren. Nun suchten sie dringend einen neuen Mitarbeiter. Ohne einen Physiotherapeuten konnte Dr. Kazen nicht weiter operieren, da die Nachbehandlung ein wesentlicher Faktor für den Operationserfolg bildete.

Es war dieser Moment, von dem an ich spürte – zumindest zum Teil –, dass Gott begann, mein Leben in seine Hände zu nehmen, um mich zu führen und dorthin zu leiten, wo er mich gebrauchen wollte. Deshalb entschied ich mich für diesen Einsatz.

Da dieser Posten nicht bezahlt wurde – ich also als Volontär arbeiten sollte – war das eine große Herausforderung für uns. Karin hatte bisher nur 20 Wochenstunden in der Klinik gearbeitet und musste nun vollzeitlich arbeiten, um meinen Lohn zu ersetzen.

Ich war bis dahin bereits zweimal in Nordafrika gewesen, aber noch nie in Schwarzafrika. Der Beginn meines Aufenthaltes in Sierra Leone war für den nächsten Februar geplant. Das Ende des Jahres 1987 näherte sich.

In der Folgezeit beschäftigte ich mich mit der Leprakrankheit. Ich sah schreckliche Bilder: verstümmelte Menschen, Hände ohne Finger und Füße ohne Zehen, zerfressene Gesichter ohne Nasen. Es war nicht gerade ermutigend, dorthin zu gehen. Und Freunde und Bekannte fragten mich: „Da willst du tatsächlich hin? Ist Lepra nicht ansteckend?“ In der Tat – das ist sie.

Bald kam der Jahreswechsel. Da begannen die letzten Vorbereitungen für den einjährigen Aufenthalt in einem Land mit mir völlig unbekannten Sitten und Gewohnheiten. Was war wichtig mitzunehmen, was brauchte ich tatsächlich? An Gepäck waren nur 20 Kilogramm erlaubt; das ist nicht viel für eine so lange Zeit.

Björn absolvierte zu dieser Zeit sein letztes Jahr am Gymnasium, und Kerstin war noch bis Ende März in Alaska, um ihr Schulenglisch zu verbessern. Von ihr musste ich mich per Telefon verabschieden; das fiel uns beiden sehr schwer. Sie versicherte mir, mich in Sierra Leone zu besuchen.

Björn übergab ich die Verantwortung, sich um Karin, Haus und Auto zu kümmern, und wünschte ihm viel Kraft und Erfolg für die letzte Etappe seiner Schulausbildung. Dieser Moment des Abschieds war für uns alle nicht leicht. Karin sagte zu mir: „Ich schreibe dir regelmäßig Berichte von uns hier und hoffe, dass sie dich in Masanga erreichen.“

Dann kam der Abreisetag – der 24. Februar 1988. Obwohl mein Koffer Übergewicht hatte, musste ich nichts zusätzlich bezahlen. Aber das Handgepäck durfte ich nicht mit in die Kabine nehmen. Allerdings war ich auf die Abgabe des Handgepäcks nicht vorbereitet und hatte nichts dabei, um es abzuschließen. Meine Unkenntnis wurde bestraft, denn als ich am nächsten Morgen im Flughafen von Freetown mein Gepäck in Empfang nahm, musste ich feststellen, dass vieles aus dem Handgepäckstück fehlte.

Kapitel 3

Im Leprahospital Masanga in Sierra Leone

Mein erster Eindruck von Schwarzafrika war die enorme Hitze. Bereits am Morgen zeigte das Thermometer 30 Grad! Der Verwalter des Hospitals, ein Amerikaner namens Ed Heissler, empfing mich am internationalen Flughafen Sierra Leones in Lungi und begrüßte mich mit einem herzlichen „Willkommen". Er erklärte mir den Weg zu unserem Ziel Masanga; er führte zunächst in die nahegelegene Hauptstadt Freetown. Zwischen dem Flughafen Lungi und Freetown befindet sich jedoch eine Meerenge, die wir mit einer Fähre überqueren mussten. Für mich war alles Neuland.

Mein erstes Erlebnis in Sierra Leone (der Name bedeutet „Löwenberge", er geht auf den Portugiesen Pedro da Cintra zurück, der 1462 die Gegend so benannte) war die Fahrt vom Flughafen zur Fähre, die mit dem Auto 15 Minuten dauerte. Es bot sich mir ein kunterbuntes Bild längs der Straße mit Menschen über Menschen, die ihre meterhohen Lasten auf dem Kopf trugen und von denen viele etwas verkaufen wollten.

Als nach langer Wartezeit endlich die Fähre eintraf, wurden die Autos und Waren an Bord gebracht. Es entstand ein großes Gedränge und Geschiebe, denn die Fähre wurde vollgestopft – fast bis zum Überlaufen. Ich jedoch habe die Prozedur genossen; Afrika begann mich bereits von diesem Augenblick an zu faszinieren.

Wir kamen mit der Fähre wohlbehalten auf der anderen Seite der Bucht an und fuhren mit dem Wagen des Verwalters bis in die Stadtmitte. Dort setzte er mich beim „Traveltreff" ab. Das war der ausgemachte Treffpunkt der Angestellten des Hospitals, wenn sie aus irgendwelchen Gründen in Freetown weilten. Er selbst musste seine wöchentlichen Aufträge erledigen – eine Arbeit, die meistens

Die volle Fähre von Lungi nach Freetown

einige Stunden dauerte. Um 17 Uhr wollte er mich vom Treffpunkt wieder abholen. Auf diese Weise hatte ich sechs Stunden Zeit, um mit Freetown („Freie Stadt"), der Hauptstadt Sierra Leones mit damals etwa 400 000 Einwohnern (heute sind es mehr als eine Million), Bekanntschaft zu machen.

Sierra Leone gehört zu den ärmsten Ländern in der Welt, die Kindersterblichkeitsrate ist sehr hoch (15 %); mehr als die Hälfte der Bevölkerung hat keine Schuldausbildung, und die Lebenserwartung liegt nur um die 40 Jahre. Als 1961 Groß-Britannien das Land in die Unabhängigkeit entließ, wurde es eine selbstständige Republik. Die (heute) fünf Millionen Einwohner Sierra Leones sprechen ein afrikanisiertes Englisch (Krio genannt) – neben zwölf einheimischen Sprachen. Ich hatte Englisch in der Schule gelernt, sodass ich mich verständigen konnte; aber zu einem richtigen Gespräch fehlte mir die Übung und verstehen konnte ich den afrikanisch-englischen Dialekt schon gar nicht.

Ein erstes Problem machte sich bereits in den ersten Stunden bemerkbar. Mit der zunehmenden Hitze wurde mein Durst stärker und ich hatte das Verlangen, etwas zu trinken. Ich wusste, dass man als Europäer kein Leitungswasser trinken sollte, und Wasser in Flaschen gab es zu jener Zeit noch nicht. Ich brauchte einheimisches Geld (die Währung ist Leone), hatte aber nur Dollars bei mir. Folglich konnte ich mir nichts zu trinken kaufen, sah aber an den Straßenständen Fanta und Coca Cola. Ich lernte, was es heißt, richtig Durst zu haben.

In der Stadt gab es aber so viel zu sehen und zu beobachten, sodass die neuen Eindrücke das Durstgefühl in Grenzen hielten. Das Elend, das ich sah, und die vielen Bettler, Kranken und Hungernden gingen mir ans Herz. Aber was konnte ich in diesem Augenblick tun ohne einheimisches Geld?

Der Verwalter kam fast pünktlich, aber er hatte noch weitere Aufträge zu erledigen, sodass wir erst gegen 19 Uhr aus Freetown wegfahren konnten. Es dämmerte bereits. In der Nähe des Äquators bricht die Nacht sehr schnell herein. Ich bedauerte, dass ich während der ganzen Fahrt nach Masanga nicht viel sehen konnte. Die Straße befand sich in einem sehr schlechten Zustand. Sie war halb geteert, auf der anderen Hälfte war sie eine Piste mit vielen Schlaglöchern. Nach dreieinhalb Stunden erreichten wir endlich die nördliche Provinzhauptstadt Makeni, die über 100 000 Einwohner hatte. Wir fuhren von dort auf einer Teerstraße nach Magburaka; dann führte der Weg 15 Kilometer weiter auf einer Piste durch den afrikanischen Busch. Nach viereinhalb Stunden Fahrt erreichten wir gegen 23.30 Uhr endlich das Leprahospital in Masanga.

Die Einfahrt zum Hospital in Masanga

Das Hospital und die Umgebung waren stockdunkel, denn Strom gab es täglich nur eine Stunde lang. Wir gelangten zu dem Gelände, wo sich das Gästehaus befand. Darin war ein Zimmer für mich reserviert. Beatrice, eine Schweizerin, die seit zwei Jahren als Oberschwester im Hospital arbeitete, empfing mich. Sie brachte mir eine Kerze, denn nach langem Suchen stellte ich fest, dass auch meine Taschenlampe abhandengekommen war.

Ein langer, ereignisreicher Tag lag hinter mir. Ich dankte Gott, dass ich an meinem Zielort gut angekommen war. Dann legte ich mich aufs Bett und schlief sofort ein.

Mein erster Tag in Masanga

Als ich am nächsten Morgen erwachte, war es bereits hell. So konnte ich mich im Zimmer umsehen. Es war sehr einfach eingerichtet. Aber was brauchte ich auch mehr als ein Bett und einen Schrank für meine wenigen Habseligkeiten? Zum Duschen stand mir ein Eimer Wasser zur Verfügung, denn fließendes Wasser gab es wie elektrischen Strom nur eine Stunde lang am Abend. Ich musste eben umdenken und mich den Gegebenheiten anpassen.

Nachdem ich mit meiner Toilette fertig war, ging ich auf die Suche nach einem Frühstück. Ich fand es im Speisesaal des Gästehauses. Allerdings erhielt ich für meine Begriffe ein kärgliches Frühstück. Es bestand aus einem Stück Brot und einem Teelöffel voll Konfitüre. Dazu gab es einen Tee.

Dann kam Brigitta Kazen zu mir, die Frau des Chefarztes. Sie nahm mich mit und führte mich auf dem Gelände herum, um mir das Hospital zu zeigen und mich den vielen Angestellten sowie ihrem Mann vorzustellen. Sie zeigte mir natürlich auch meinen zukünftigen Arbeitsbereich, die Physiotherapieabteilung.

Am Mittag desselben Tages kam ein Weißer auf einem kleinen Motorrad zum Gästehaus. Er sprach mich auf Deutsch an und stellte sich als Dr. Grellmann aus den USA vor. Er lebte schon seit vier Jahren mit seiner Familie in Masanga und lud mich zum Essen bei sich zu Hause ein. Er informierte mich über das Leben in Masanga. Außerdem vermittelte mir Beatrice viel Wissenswertes, sodass ich mich schnell einleben konnte und afrikanisches Leben besser verstehen lernte.

In Masanga arbeitete neben Dr. Kazen und Dr. Grellmann noch ein schwedischer Arzt namens Lars Westmann. Es gab also doch einige Weiße. Diese Kontakte halfen mir, mich schon nach kurzer Zeit fast wie zu Hause zu fühlen.

Das Leprahospital bestand aus vier Gebäuden für die Patienten, dem Operationssaal, dem Physiotherapiegebäude sowie aus mehreren Werkstätten wie Schneiderei, Schuhmacherei und Schreinerei, in denen die Leprakranken arbeiten konnten. Vom Hospitaleingang führte ein zwei Kilometer langer Weg durch das gesamte Hospitalgelände. Die Häuser der Angestellten befanden sich in großzügigen Abständen rechts und links des Weges, auf dem man am Ende des Geländes „Masanga 2" erreichte. Dort befanden sich einige Häuser, in denen Patienten mit Kinderlähmung untergebracht waren.

Dort war der befahrbare Weg zu Ende; man konnte umliegende Dörfer nur zu Fuß auf einem schmalen Pfad durch dichten afrikanischen Busch erreichen. Wer also nach Masanga mit dem Auto kam, musste den gleichen Weg zurückfahren.

Meine Arbeit im Hospital

Nach den ersten Erkundungen begann ich meine Arbeit in der Physiotherapieabteilung. Zu der Zeit war kein Therapeut mehr in Masanga tätig, der mich einweisen konnte. Ich musste also viel selbstständig erlernen, da fast alle Fälle Neuland für mich waren.

Meine Tätigkeit begann mit Dr. Kazen im Operationssaal. Dabei durfte ich seine Arbeit bewundern, wie er die verkrümmten Hände der Leprakranken operierte, sie wieder herrichtete, um die Voraussetzungen für die Nachbehandlung zu schaffen.

Die rehabilitativen Maßnahmen begannen im Allgemeinen etwa 14 Tage nach der Operation. Dazu musste ich den Gipsverband abnehmen, um dann mit den Bewegungsübungen für jeden Finger beginnen zu können. Langsam, aber stetig, wurden die versteiften Gelenke beweglicher. Es machte mir Freude, die Hände und Finger wieder zum Leben zu erwecken und gebrauchsfähig zu machen.

Einen Monat nach meiner Ankunft hieß es Abschied nehmen von Beatrice; sie flog in die Schweiz zurück. Somit konnte ich mein Zimmer im Gästehaus verlassen und in ihr Haus einziehen. Nun konnte ich mich auch selbst verpflegen.

Allerdings änderte der Umzug auch meine bisherigen Lebensumstände. Ich erhielt oft Besuch von den afrikanischen Angestellten. Einerseits brachte die Kommunikation Abwechslung in das tägliche Arbeitsleben, aber andererseits verringerte sich meine verfügbare Zeit, sodass es mir manchmal doch zu viel wurde. Ich wollte nämlich so viel Zeit wie möglich für mich investieren, um endlich meine beiden gesteckten Ziele zu erreichen: Erstens wollte ich meine Englischkenntnisse verbessern, und zweitens hatte ich vor, die Bibel von vorn bis hinten durchzulesen und ausführlich zu studieren.

Typisch afrikanische Probleme

Es war schon interessant, das Leben der Afrikaner kennenzulernen und zu studieren. Viele können weder lesen noch schreiben. Ihre Gewohnheiten und Traditionen sind oftmals mit Aberglauben und schwarzer Magie verbunden. Viele Lebensgewohnheiten kann man nicht verstehen.

Als ich mich ein bisschen eingelebt hatte und bekannter geworden war, kamen täglich mehr und mehr Leute zu mir. Sie baten um Hilfe für alle möglichen Dinge. Da ich aber als Volontär tätig war, keinen Lohn erhielt und nur mein Taschengeld besaß, konnte ich aus finanziellen Gründen auf die vielen Bitten und Wünsche nicht eingehen. Folglich konzentrierte ich mich auf die medizinische Hilfe.

Bei meiner Tätigkeit wurde ich mit vielen Krankheiten konfrontiert wie Lepra, Kinderlähmung, Knochenmarkentzündung, Elephantiasis (Elefantenbein infolge von Lymphstauung), Leisten- und Knochenbrüche, die geschient und gegipst werden mussten, und anderes.

Viele Male holten mich die Bewohner Masangas in ihr Dorf, wo ich in irgendeiner Hütte Patienten fand, die am Boden lagen, nicht mehr laufen konnten und sich vor Schmerzen krümmten. Immer wieder stellte ich die Frage: „Warum sucht ihr nicht Hilfe im Hospital?" Die Antwort war immer die gleiche: „Um einen Arzt im Hospital zu sehen, benötigt man 50 Cent; aber keiner von uns kann dieses Geld aufbringen."

So zahlte ich oftmals diese 50 Cent und nach dem Arztbesuch auch noch die Medikamente für die Behandlung. Es war keine leichte Zeit für mich, denn mein monatliches Taschengeld war auf diese Weise schnell aufgebraucht.

Ich sprach mit dem Verwalter Ed Heissler über die Möglichkeiten von Hilfsaktionen. Er erklärte mir, dass solche Hilfeleistungen nicht so leicht zu arrangieren wären. Wenn nämlich die Krankenhausverwaltung für alle, die nicht zahlen konnten, die Behandlung umsonst durchführen ließe, müssten sie nach kurzer Zeit das Hospital schließen. Wenn sie aber von jedem nur einen geringen Betrag verlangten, könnten sie Tausenden helfen.

Sein Argument hatte etwas für sich, aber ich konnte es nie wirklich akzeptieren. Das Elend war zu groß, nicht nur in medizinischer Hinsicht. Auch der Hunger stellte eine große Plage dar. Viele erkrankten, weil sie nicht genug zu essen hatten. Einfache soziale Missstände konnten nicht beseitigt werden. Viele Kinder wünschten sich den Schulbesuch, aber die Eltern besaßen kein Geld, um den Unterricht zu bezahlen. Allein in Masanga gab es ungefähr 500 Kinder, die nach europäischen Maßstäben schulpflichtig gewesen wären.

Wenn ein mitfühlender Mensch jeden Tag mit Krankheit, Hunger, Not und Elend dieser Art konfrontiert wird, braucht er die Hilfe Gottes und Kraft, die er sich im täglichen Gebet holen kann und die ihm durch die Fürbitte Anderer geschenkt wird. Ich dachte an Europa: Wie gut es dort den meisten Menschen ging! Sie sind wirklich privilegiert und trotzdem oft unzufrieden.

Von zu Hause bekam ich mit langen Verzögerungen Briefe. Björn hatte sein Abitur geschafft und sich in Genf auf der Universität eingeschrieben, um Politik und Ökonomie zu studieren. Kerstin war zurück aus Alaska. Sie wollte medizinische Fußpflegerin werden und bekam im Juli einen Ausbildungsplatz in Bern. Da sie mich vorher besuchen wollte, arbeitete sie in La Lignière im Speisesaal als Serviererin, um sich Geld für das Flugticket zu verdienen.

Karin konnte leider nicht mitkommen, denn sie war allergisch auf rohes Eiweiß und konnte somit die nötige Impfung gegen das Gelbfiebervirus nicht machen lassen. Wenn es durch den Stich einer Mücke übertragen wird, besteht für einige Menschen die Gefahr einer Leberschädigung mit Gelbsucht, die tödlich enden kann. Es war also zu riskant für Karin, nach Afrika zu kommen.

Für mich war es natürlich eine freudige Abwechslung, Kerstin nach so langer Trennung bei mir zu haben – und dann noch im afrikanischen Busch. Für sie war es drastisch, den Unterschied zwischen dem Reichtum Europas und Nordamerikas und der Armut Afrikas zu erleben.

Ich konnte ein verlängertes Wochenende frei bekommen, an dem wir an den Atlantik fuhren und eine andere Seite Afrikas erlebten. Die 14 Tage, die Kerstin dablieb, waren schnell vergangen und schweren Herzens flog sie wieder nach Hause. Dort begann für sie in Bern ein neuer Lebensabschnitt.

In Afrika war ich wirklich von der Außenwelt abgeschlossen: kein Telefon (Handys gab es noch nicht), keine Zeitung, kein Fernsehen. Mein Radio war mir während der Flugreise gestohlen worden. In manchen Augenblicken schoss mir der Gedanke durch den Kopf: *Wenn jetzt die Welt unterginge, würden wir das hier im afrikanischen Busch nicht bemerken.*

Neben meiner physiotherapeutischen Arbeit konzentrierte ich mich auf das Bibellesen und auf meine Englischlektionen. In der einen Abendstunde, in der wir elektrische Beleuchtung hatten, mussten alle privaten Aufgaben erledigt werden, denn das Lesen beim funzeligen Licht der Petroleumlampe oder der Kerzen war sehr mühevoll und praktisch kaum durchführbar.

Außerdem war es sehr heiß. Februar bis April sind die heißesten Monate in Sierra Leone. Mitten im afrikanischen Busch, in dem wir uns befanden, schien mir die Hitze noch intensiver zu sein.

Abwechslungen in Form von Spielen und Vergnügen gab es nicht. Ich träumte manchmal von einer kalten Dusche oder einem kalten Glas Wasser und hätte dies als besondere Freude empfunden. Wasser war und ist das wichtigste Lebenselement in Afrika. Um einen Liter Trinkwasser zuzubereiten, musste ich 15 Minuten lang das Quellwasser abkochen und dann die Nacht über filtern. Es war eine mühsame Angelegenheit, und deshalb schätzte man jedes Glas Wasser umso mehr.

Nach ungefähr viereinhalb Monaten erhielt ich Post aus der Schweiz von Dr. Marie-Therese David, die zu der Zeit medizinische Direktorin in der Klinik La Lignière war. Sie schrieb mir, dass sie mich dringend in der Physiotherapieabteilung brauchten. Natürlich hatte auch meine Familie große Sehnsucht nach mir – und umgekehrt war es genauso.

Eine unerwartete Ablösung

Nachdem ich fünf Monate in dem Hospital in Masanga gearbeitet hatte, traf ein holländisches Ehepaar ein, Peter und Rita van Hoof mit ihren zwei kleinen Kindern. Beide waren Physiotherapeuten. Peter war von der Organisation „Terre des Hommes" angestellt worden und sollte die physiotherapeutische Betreuung der Patienten mit Kinderlähmung übernehmen.

Wir arbeiteten einen Monat lang zusammen; dann kam seine Frau Rita und sagte zu mir: „Ich bin eigentlich nicht nach Afrika mitgekommen, um in meinem Beruf zu arbeiten, denn ich möchte mich um meine beiden Kinder kümmern. Aber nachdem ich den Grund deines Hierseins kenne und weiß, dass man dich wieder in der Klinik in der Schweiz braucht, mache ich dir den Vorschlag: Du zeigst mir deine Arbeit mit den Leprapatienten, und ich werde dann deinen Posten übernehmen."

Ich überlegte nicht lange. Ich führte sie in die Arbeit auf der Leprastation ein, übergab ihr alle meine Aufgaben und reiste im August 1988 in die Schweiz zurück – zur großen Freude von Kerstin, die gerade ihren 18. Geburtstag feierte. Es war herrlich, wieder zu Hause bei meiner Familie zu sein, einfach einen Lichtschalter betätigen und einen Wasserhahn aufdrehen zu können.

Heimgekehrt – verändert und mit Fragen

Seit der Unterbrechung meiner Arbeit in der Klinik La Lignière waren insgesamt sieben Monate vergangen. Ich stellte bald fest, dass die Zeit in Afrika mich sehr verändert hatte. Das Elend und Leid der Menschen in Masanga gingen mir nicht mehr aus dem Kopf.

Afrika fehlte mir, denn trotz all der Not war Masanga für mich ein ruhiger und friedvoller Ort. Mir fehlte auch das nächtliche Tamtam, das aus den umliegenden Dörfern an meine Ohren drang. Sogar das morgendliche Aufschrecken aus dem Schlaf vermisste ich, wenn eine Horde Affen noch grüne, unreife Mangos auf das Wellblechdach meiner Unterkunft warf.

Aber als das Schlimmste empfand ich die Not der Menschen, die ich zurückgelassen hatte. Ihr Elend ließ mich nicht mehr los. Ich suchte nach einem Weg, Dinge nach Afrika zu schaffen, die wir hier im Überfluss besaßen und mitunter achtlos wegwarfen, die man aber dort noch gut gebrauchen konnte.

Meine erste Hilfsaktion

Vor meiner Abreise aus Masanga hatten mir die Ärzte eine Liste überreicht, auf der die Medikamente standen, die in Masanga unbedingt gebraucht wurden, um Patienten zum Überleben zu verhelfen. Nachdem ich meine Arbeit in der Klinik La Lignière wieder aufgenommen hatte, startete ich meine erste Hilfsaktion.

Ich brauchte Geld, um die notwendigen Medikamente kaufen zu können, 1000 Schweizer Franken. Zu meinem Erstaunen wurde diese Summe in kurzer Zeit gespendet. Es waren in erster Linie Patienten, die sich meine Schilderungen anhörten und sofort bereit waren zu helfen. Ich kaufte die Medikamente und schickte sie per Postpaket nach Masanga.

Es war meine erste Hilfsaktion. Damals wussten wir noch nicht, dass weitere Hunderte folgen würden. Doch wie konnten wir weiterhelfen? Was konnten wir tun? Was wurde am dringendsten gebraucht? Eigentlich fehlte es an allem!

Da ich innerlich so bewegt war, bekam fast jeder meiner Patienten in meinem Arbeitsbereich meine Erfahrungen aus Sierra Leone zu hören. Ich schilderte meine Erlebnisse, sprach von den vielen fehlenden Dingen und wie man helfen könnte, beispielsweise mit Geldspenden. Die Menschen in meinem Umkreis spürten, dass mein Herz dabei war, und erkannten, dass sie selbst mit jeder kleinen Spende zur Hilfe beitragen konnten.

Mein Eifer übertrug sich natürlich auch auf meine Familie, auf Bekannte und Freunde. Meine Mutter, die in der Zwischenzeit nach Berlin umgezogen war, startete ebenfalls eine Paketaktion. Wir errechneten, dass jedes Paket, das Kleider, Schuhe, Seife, Zahnpasta und Dinge enthielt, die für den täglichen Bedarf notwendig waren, etwa 35 DM Porto kostete. Meine Mutter schickte Hunderte solcher Pakete, die sie mit viel Arbeit und Mühe packte.

Ich kann den Grund nicht angeben, aber irgendwie entstanden Fragen: *Was passiert eigentlich mit den Sachen, die wir verschicken? Erhalten die Adressaten tatsächlich den Paketinhalt?* Aus diesen Fragen entwickelte sich erstmals der Gedanke, erneut nach Afrika zu fliegen. Ich wollte erkunden, wie alles ablief. Wenn es nötig wäre, wollte ich die Verteilung selbst organisieren, denn ein wenig hatte ich die Afrikaner in meinen sieben Monaten Aufenthalt kennengelernt.

Wir sparten also fleißig für mein Flugticket, und im Februar 1990 flog ich erneut nach Sierra Leone.

Kapitel 4

Die Ausweitung der Hilfsaktionen

Die Freude über meine Ankunft war auf allen Seiten groß. Die Verwaltung des Hospitals in Masanga, die Ärzte, die Patienten und alle Dorfbewohner zeigten mir, dass ich willkommen war. Aber meine Freude wurde getrübt, denn durch meine Nachforschungen stellte ich fest, dass viele Pakete ihr Ziel nicht erreicht hatten. Diese Tatsache beunruhigte mich sehr und ich wollte unbedingt den Grund dafür erfahren.

Die Antwort auf meine Frage erhielt ich auf eine eigenartige Weise. Unter den Empfängern befand sich eine Witwe mit vier heranwachsenden Kindern. Ihr Mann war 1988 an Lepra verstorben. Sie erzählte mir ihre Erfahrung mit den Paketen. Aus Geldmangel war sie nicht in der Lage, selbst nach Freetown zu fahren, um die Pakete vom Zoll in Empfang zu nehmen. Folglich bat sie einen Bekannten, für sie die Paketsendung beim Zollamt abzuholen und mit nach Masanga zu bringen. Aber das Paket war auf dem Zollamt bereits halb geleert worden; und da es nun schon einmal geöffnet war, hatte sich jeder am Rest bedient.

Es war also vergebliche Mühe und Arbeit und zudem ein enormer Geldverlust, Pakete in dieser Form zu versenden. Daher stoppte ich sofort die ganze Hilfsaktion.

Aber aufgeben wollte ich keineswegs, sondern überlegte, wie es uns gelingen könnte, die Postpakete mit Sicherheit den entsprechenden hilfsbedürftigen Personen zukommen zu lassen.

Als ich enttäuscht wieder nach Hause flog, gingen mir viele Gedanken durch den Kopf: *Lohnt es sich, auf diese Art und Weise weiterzumachen, oder gibt es andere Möglichkeiten? Was sollen wir nun tun?*

Erste Anfänge mit Patenschaften

Zunächst begannen Karin und ich im Jahr 1990, Kinder von Eltern, die das Schulgeld nicht bezahlen konnten, durch Sponsoren zu unterstützen. Diese Art Hilfsaktion starteten wir aufgrund vieler Anfragen afrikanischer Eltern, die finanziell nicht in der Lage waren, ihre Kinder auf eine Schule zu schicken.

Wir mussten Paten für diese Kinder finden, um das nötige Geld aufzubringen. Das erwies sich jedoch als nicht so schwer wie gedacht. Familienmitglieder und Freunde erklärten sich dazu schnell bereit, da wir für ein ganzes Schuljahr pro Kind nur 100 Schweizer Franken brauchten. Darin war eine tägliche Mahlzeit inbegriffen ebenso wie die Schuluniform, Schuhe und Schulhefte! Wir begannen, 20 Kinder zu unterstützen.

Mein Mitleid mit den Ärmsten der Armen im Lande wuchs. Ich hatte immer die Not und das Elend vieler Menschen in Sierra Leone vor Augen und wusste nur einen Weg, um diese Last zu tragen: Beten. Innerlich wurde ich immer fester überzeugt von dem Gedanken, dass Gott mich dorthin geschickt hatte. Deshalb glaubte ich, dass er mir nun auch die Möglichkeiten zeigen würde, wie unsere Hilfsmission weitergehen sollte.

Hunderte Male hörte ich von Leuten den Rat, doch aufzugeben. „Was willst du denn allein ausrichten?", fragten viele. Hunderte Male hörte ich den Spruch vom Tropfen auf den heißen Stein mit dem Hinweis: „*Du* kannst doch Afrika nicht retten."

Karin und unsere beiden Kinder sahen mich manchmal verzweifelt, aber sie standen hundertprozentig hinter mir. Rückblickend betrachtet muss ich bekennen: Ohne ihre Unterstützung hätte ich aufgegeben und es nicht geschafft.

Gott hat für alles seinen Plan; und ich denke, dass er eigens für mich einen besonderen Lehrplan aufstellte: Ich sollte lernen zu beten, stille zu sein, zu warten und auf ihn zu hören. In dieser Überzeugung ging ich mit Freuden meiner Arbeit nach. Oftmals kamen mir die Worte Christi aus seiner Schilderung des Weltgerichts in den Sinn (siehe Matthäus 25,31–40). Diese Bibelstelle ist ein Leitmotiv für meine Arbeit geworden, speziell der Vers 40: „Dann wird der König [Jesus Christus] antworten: ‚Ich versichere euch: Was ihr für einen meiner geringsten Brüder oder für eine meiner geringsten Schwestern getan habt, das habt ihr für mich getan.'"

Ich liebte meinen Beruf als Physiotherapeut, denn es ist herrlich, kranken Menschen zu helfen, wieder gesund zu werden. Aber andererseits sah ich ständig die enorme Not der in jeder Beziehung leidenden Menschen in Masanga vor mir. Ich konnte nicht einfach vergessen, wegsehen und sagen: „Lass sie in ihrem Elend; was geht mich das an?" Also suchte ich geduldig weiter nach Wegen zur Hilfe und wartete, was Gott mir sagen würde.

Eine Behandlung mit überraschenden Folgen

Eines Tages kam ein Patient mit einem Knieproblem zur Behandlung. Wir kannten uns vom Sehen, denn Jean-Luc Faillettaz war Chef der Kläranlage in Gland. Ich erzählte ihm natürlich auch von meinen Versuchen, dem Krankenhaus in Masanga zu helfen.

Nach der fünften Behandlung fragte er mich, was im Krankenhaus dringend gebraucht würde. Ich antwortete ihm: „Ein Auto", denn es bestand im Hospital ein großer Mangel an Transportmitteln. Der nächste Ort lag 15 Kilometer von Masanga entfernt. Viele mussten den langen Weg auf einer staubigen Piste zu Fuß gehen.

Während der zehnten und letzten Behandlung sagte mir Jean-Luc, dass er mit seiner Familie über die Hilfsbedürftigkeit des Hospitals gesprochen hätte und sie ihm ein Auto schenken würden. Die Spende wäre aber an eine Bedingung geknüpft.

Ich war gespannt auf seine weiteren Äußerungen, aber dann wurde ich sichtlich blass. Seine Bedingung lautete nämlich: Wir beide sollten das Auto auf dem Landweg nach Masanga bringen!

Solch ein Wagnis war etwas ganz Neues für mich. Ich wusste nicht, was ich ihm antworten sollte. Deshalb bat ich um Bedenkzeit, denn ich wollte unbedingt mit meiner Familie über das Angebot sprechen. Außerdem wollte ich mir erst einmal ein Bild von der Reiseroute machen.

Jean-Luc hatte sich die Reise bereits gründlich überlegt. Er beabsichtigte, im Falle meiner bejahenden Antwort bereits im Dezember desselben Jahres (1990) um die Weihnachtszeit loszufahren. Ende Januar, nur sechs Wochen später, wollte er wieder zu Hause sein. Das bedeutete natürlich eine riesengroße Herausforderung!

Ich fragte mich: *Ist das der Weg Gottes? Was soll ich tun?* Ein Auto für Masanga konnte man leichter mit dem Schiff nach Freetown schicken, aber Jean-Lucs Bedingung war der Landweg.

Ich bin von Natur aus ein Abenteurer und wusste, wie schwierig solche Reisen werden können und wie gut sie überlegt werden müssen. Wir führten lange Gespräche mit unseren Familien und erörterten das Für und Wider dieser Afrikafahrt. Unsere ständige Frage aber blieb: War die Reise gemäß Gottes Willen? Welchen Nutzen konnte – außer dem Fahrzeug für das Hospital – diese Reise für unsere Afrikaarbeit haben?

Jean-Luc war kein engagierter Christ, aber wir beteten mit unseren Helfern und wünschten uns die Bestätigung, denn wir hätten mit dem Fahrzeug zugleich eine Möglichkeit, viele vom Hospital angeforderte Sachen mitzunehmen. Daher sagte ich zu.

Jean-Luc kaufte einen gebrauchten Volkswagenbus, aber ohne Vierradantrieb (das gab es bei VW damals noch nicht). Er testete ihn und fuhr ihn 3000 Kilometer ohne Probleme.

Nun begannen neun Monate der Vorbereitung auf die Reise: Erkundigungen über die Reisebedingungen durch mehrere Länder Afrikas beim Autoclub in Genf, die Route ausarbeiten, Impfungen durchführen lassen, Visa für verschiedene Länder besorgen.

Jean-Luc und ich vor dem VW-Bus kurz vor der Abreise

Die erste Autofahrt nach Sierra Leone

Am 26. Dezember 1990 fuhren wir mit dem überladenen Volkswagenbus los. Trotz aller Ratschläge von Bekannten, die ähnliche Reisen schon einmal unternommen hatten, mussten wir bitteres Lehrgeld bezahlen. Es wurde eine anstrengende Reise mit vielen Problemen.

Von Marseille aus ging es mit der Fähre nach Algier; die Überfahrt dauerte 23 Stunden. Die Zollabfertigung nahm zwei Tage in Anspruch, da wir Medikamente mithatten, die man uns abnahm, weil es nicht erlaubt war, sie einzuführen, was wir aber nicht wussten. Danach waren wir froh, dass wir unsere Route nach Tamanrasset, der größten Oase im Süden Algeriens, nehmen konnten. Die Nächte waren recht kalt (um die 9 Grad) und am Tag war es um 15 Grad. Bis zum 31. Dezember genossen wir die Reise und die herrliche Landschaft Algeriens und verbrachten die Nacht zum ersten Januar unter freiem und sternklarem Himmel bei Vollmond.

Am 1. Januar 1991 setzten wir morgens unsere Reise fort. Wir hatten noch 400 Kilometer bis Tamanrasset, die wir an diesem Tage schaffen wollten. Leider kam es anders, denn genau nach 22 Kilometern hörten wir ein fremdartiges Geräusch und einige Sekunden später ging der Motor aus.

Nach einigen Tests nahmen wir an, dass der Motor einen Kolbenfresser hatte. Wir warteten am Straßenrand. Nach vier Stunden kamen drei große Lastwagen; einer der Fahrer war bereit, uns 250 Kilometer abzuschleppen. Dort, wo er uns stehen ließ, befand sich ein kleines Kaffee. Wir verbrachten hier unsere erste Nacht im Bus. Am folgenden Morgen mussten wir wieder vier Stunden warten bis wir jemanden fanden, der uns bis Tamanrasset abschleppte. Dort kamen wir abends an, fanden auch sofort eine Werkstatt, ließen das Auto dort stehen und suchten uns ein Hotelzimmer.

Am nächsten Morgen gingen wir gleich zur Werkstatt, halfen mit, unter den schwierigsten Bedingungen den Motor auszubauen. Nachdem der Zylinderkopf abgeschraubt war, bewahrheitete sich unsere Befürchtung: ein Kolbenfresser. Nun war guter Rat teuer.

Ersatzteile oder einen Austauschmotor gab es hier nicht. Wir entschieden, dass Jean-Luc in die Schweiz zurückfliegt und mit einem Austauschmotor zurückkommt. Es war der 4. Januar und wir versuchten, ein Flugticket für ihn zu bekommen, erfuhren aber, dass alle Flüge bis zum 25. Januar ausgebucht waren.

Unsere Moral schwand verständlicherweise, und Jean-Luc war nahe daran aufzugeben. Gott half uns aber weiter durch Einheimische, die wir kennenlernten und die es fertigbrachten, ein Flugticket für den 6. Januar zu bekommen. Jean-Luc flog in die Schweiz, kaufte einen Austauschmotor und kam am 12. Januar mit einer großen Holzkiste, in der sich der Motor befand, zurück. Dann halfen wir dem Automechaniker, ihn einzubauen.

Da in Tamanrasset die Straße aufhört und bis Arlit im Niger 650 Kilometer Wüstenpiste zurückzulegen waren und wir keinerlei Erfahrung in Wüstenfahren hatten, beschlossen wir nach gründlichen Überlegungen, einen Lastwagen zu mieten, den Bus darauf zu stellen, um so die Wüste bis Arlit zu durchqueren. Wir hatten nämlich die Befürchtung, dass der Motor auf diesem schwierigen Stück ebenfalls kaputtgehen könnte, weil er noch nicht eingefahren war. So waren wir drei Tage mit dem Lastwagen unterwegs, schliefen unter freiem Himmel und kamen erdt am 18. Januar in Arlit an.

Da wir fast 14 Tage Verspätung hatten, beschlossen wir, ab hier Tag und Nacht zu fahren. Durch Niger und Burkina Faso war die Straße gut. Von Bamako, der Hauptstadt von Mali, bis zur Grenze nach Guinea war nur noch Piste – fast unbefahrbar. Am 25. Januar hatten wir noch 40 Kilometer bis zur Grenze von Guinea und Sierra Leone. Wir sahen plötzlich ein Schild vor uns mit der Bezeichnung: „Direction Sierra Leone". Es war ein herrlicher Anblick; endlich näherten wir uns unserem Ziel.

Die letzten Kilometer bis zur Grenze fuhren wir bei Nacht und es war die schlechteste Strecke unserer ganzen Reise. Die Schlaglöcher waren so groß, dass wir selbst Brücken bauen mussten, um sie zu passieren. Ich war öfter außerhalb des Busses als drin, denn ich musste dirigieren und schieben.

Bei Nacht passierten wir die Grenze nach Sierra Leone, wo die Zöllner nicht einmal einen Stempel für unsere Einreise hatten. Morgens erreichten wir Kabala; von dort aus führte eine neu geteerte Straße bis nach Makeni. Wir konnten es gar nicht glauben, wieder auf einer ganz normalen Straße zu fahren. Am späten Nachmittag erreichten wir Masanga, wo man uns so sehnsüchtig erwartete.

In Masanga kannten sie den ungefähren Termin unserer Ankunft, den wir errechnet hatten. Aber wir hatten uns ja gründlich verrechnet! Als wir eine Woche überfällig waren und wir keine Möglichkeit hatten, ihnen Bescheid zu geben, begannen sie, ernstlicher für uns zu beten. Ich glaube, dass Gott ihre Gebete erhört hat, denn trotz unseres langen, beschwerlichen Weges hat er uns geholfen. Wir haben das Ziel schließlich mit zweiwöchiger Verspätung erreicht.

Vor dieser Reise durch die Wüste mit dem Auto hatte ich mir die Frage gestellt, ob sie wirklich Gottes Wille war. Erst nach unserer Rückkehr in die Schweiz bekam ich die Antwort. Jean-Luc Failletaz war in Céligny bei Nyon (das nur zehn Kilometer von Gland entfernt liegt) aufgewachsen und hatte einen großen Bekanntenkreis. Er kannte auch einige Journalisten. Durch seine Verbindungen ließ er einen umfangreichen Artikel von unserem humanitären Reiseunternehmen in unserer Tageszeitung *La Côte* mit dem Titel: „Ein Minibus von Gland nach Westafrika – Hilfe für ein Leprahospital" veröffentlichen.

Auf diese Weise erfuhren immer mehr Menschen von unserer Arbeit. Durch diesen Artikel war das Interesse geweckt, sodass sich einige Leute angesprochen fühlten und unserer kleinen Helfergruppe Spenden materieller Art anboten. Durch diese Hilfeleistung wurden wir wiederum motiviert weiterzumachen. Dadurch entstand die Idee, den ersten Containertransport zu organisieren.

Die ersten Container für Masanga

1992 konnten wir aufgrund zunehmender Spenden den ersten Container nach Sierra Leone schicken. Das war eine Herausforderung für unsere Familie. Allein die Vorbereitungszeit, das entsprechende Material zu finden und zu verpacken, betrug neun Monate. Man brachte uns medizinische Geräte, Medikamente, Hunderte Säcke mit getragener Kleidung, die sortiert werden musste, Betten, Matratzen, Schränke und andere Möbel. Zum Glück konnten wir in den ersten Jahren eines der drei im Winter leerstehenden Chalets (im Sommer waren sie für Kinder- und Jugendfreizeiten reserviert) am Seeufer, direkt neben unserem Haus, dafür benutzen. Nach einigen Jahren wechselten wir in das leerstehende Gebäude des früheren adventistischen Gesundkostwerkes PHAG als Lager, das sich auf dem Gelände der Klinik La Lignière befand.

Karin im Chalet bei der Vorbereitung für einen Container

Alles Erforderliche mussten wir neben unserer täglichen Arbeitszeit schaffen. Aber wir fanden treue Helfer in der örtlichen Adventgemeinde wie Alberto, Viktor, Rémy und seine Frau Edith, um nur einige zu nennen, die uns fortan ständig halfen. Sie waren bald sehr geschickt darin, jeden Zentimeter der Container zu nutzen.

Am meisten Sorge bereitete mir die Frage, wer die Container in Sierra Leone in Empfang nehmen würde. Ich wusste auch nicht, wer alles verwalten und den Inhalt verteilen sollte. Nach meinen Überlegungen mit Karin fand sich nur eine Lösung: Ich musste wieder nach Freetown fliegen, um den Container selbst in Empfang zu nehmen und mich um die nicht leichte Aufgabe der Verteilung zu kümmern.

Das Versenden von Containern wurde ein neuer Meilenstein auf unserem Weg, in Sierra Leone Hilfe zu leisten. Bald schickten wir jährlich einen Container. Allein die Schiffsfracht kostete zwischen 7500 und 9000 Dollar, je nach Größe des Containers. Anfangs handelte es sich noch um die kleinen, 20 Fuß (6 Meter) langen Stahlbehälter für die Hilfsgüter, doch dann folgten die großen, 40 Fuß (12 Meter) langen. Doch die Gruppe der Helfer wurde von Jahr zu Jahr auch größer; wir konnten immer mehr Leute aus unserem Umkreis dafür begeistern.

Helfer in der Schweiz vor einem beladenen Container (von links: Viktor, Alberto, Edith, Christian, Karin, Joachim)

Die Container trafen per Schiff in Freetown ein, aber das Problem bestand bald darin, sie sicher nach Masanga zu transportieren, denn 1991 war in Sierra Leone ein Bürgerkrieg ausgebrochen. Foday Sankoh, ein ehemaliger Sergeant der Armee, machte sich zum Anführer der Rebellenorganisation Revolutionary United Front (RUF) und stürzte das Land in einen blutigen, zehn Jahre dauernden Bürgerkrieg. Viele junge Leute, die keine Arbeit hatten, schlossen sich ihm an. Der Bürgerkrieg erschwerte unsere weitere Arbeit enorm, wie sich bald zeigte.

Kapitel 5

Hilfsaktionen während des Bürgerkrieges

In Freetown bestanden anfangs noch einigermaßen ruhige Verhältnisse, aber um nach Masanga zu gelangen, musste man über die nördliche Provinzhauptstadt Makeni fahren, die die Rebellen als ihr Hauptquartier besetzt hielten. Es blieb uns nichts anderes übrig, als unsere Hilfslieferungen für das Leprahospital vorerst einzustellen.

Masanga wurde mehrere Male von Rebellen angegriffen. Die Dorfbewohner flüchteten in den Busch und mussten manchmal bis zu zwei Monate lang unter schlimmen Verhältnissen dort ausharren. Es war sehr schwierig für sie zu überleben. Die schwachen starben und die anderen versuchten, sich mit Wurzeln, Früchten und Kleintieren am Leben zu erhalten. Sie mussten so lange außerhalb ihres Dorfes ausharren, bis die Rebellen weiterzogen. Erst dann wagten sie zurückzukehren.

Wie sollten wir nun weiter verfahren? Einerseits bildeten die Rebellen ein schier unüberwindbares Hindernis, andererseits mussten wir immer an die hungernden und leidenden Menschen denken. So beschlossen wir mit unserer Gruppe von Helfern, die Hilfsaktionen fortzusetzen. Karin traf sich einmal pro Woche mit einigen von ihnen, die es sich zeitmäßig erlauben konnten, in Räumlichkeiten, die uns die Klinik zur Verfügung stellte. Die Hauptarbeit lag darin, die gespendeten Kleidungsstücke von verschiedenen Orten abzuholen, sie zu sortieren und in Jutesäcke oder Bananenkartons zu verpacken. Das Ehepaar Veckringer, das in dieser Zeit für das Schweizer ADRA-Büro in Gland verantwortlich war und Räume im gleichen Gebäude besaß, half uns oft, die schweren Säcke mit ihrer elektrischen Nähmaschine zuzunähen.

Gute Bekannte schlugen uns vor, Autos und Motorräder günstig in der Schweiz einzukaufen, nach Sierra Leone zu verschiffen, sobald die Umstände es zuließen, und sie dort gewinnbringend zu verkaufen. Dazu benötigten wir mehr Geld, auch um die Kosten des Containers zu decken. Nach vielen Überlegungen und Berechnungen fanden wir heraus, dass – je nach Fahrzeug – 1000 bis 1500 Dollar Gewinn erzielt werden könnte.

So startete aufs Neue eine riesige Arbeit. Wir fingen an, in der ganzen Schweiz nach geeigneten Fahrzeugen zu suchen. Zum Glück hatten wir auf dem Gelände neben unserem Wohnhaus viel Platz, sodass wir manchmal bis zu zehn Autos und Motorräder dort abstellten. Viele aus unserer Gruppe halfen bei der Suche.

Am Ende machten sich die Bemühungen bezahlt. Mit dem Erlös konnten wir vielen Menschen in Masanga helfen. Wir kauften von dem Gewinn hauptsächlich Reis, der das Hauptnahrungsmittel in Sierra Leone ist, und Medikamente.

Dr. Abd Sesays Rückkehr nach Masanga

Eine andere Hilfsquelle entstand in Afrika selbst. 1988, als ich meine Arbeit in Masanga begann, machte ich Bekanntschaft mit Abdulai Daniel Sesay. Man nannte ihn überall nur Abd. Er war zur damaligen Zeit Laborassistent im Leprahospital von Masanga und bemühte sich sehr, Sponsoren zu finden, denn er wollte Medizin studieren. Damals gab es aber keine medizinische Hochschule in Sierra Leone. Die weißen Mitarbeiter des Hospitals und unsere Gruppe in der Schweiz kamen überein, ihm zu helfen. Wir schickten ihn nach Malawi auf die dortige adventistische Universität, damit er sein Medizinstudium absolvieren konnte.

Die ausländischen Mitarbeiter verließen 1994/95 aufgrund des immer heftiger werdenden Bürgerkrieges Masanga. Zu der Zeit hatte Abd sein Studium abgeschlossen. Er kam zurück und übernahm mit einer Gruppe von Einheimischen das Leprahospital.

Dr. Abd Sesay war der einzige Arzt weit und breit, und das wurde Masanga und der ganzen Umgebung zum Segen. Leider kam 1995 auch der Tag, an dem alle einheimischen Mitarbeiter das

Hospital verlassen mussten, da die Rebellen immer wieder zurückkehrten und schließlich das Hospital zerstörten. Deshalb musste das gesamte Gelände geschlossen werden.

Abd eröffnete danach seine eigene kleine Klinik in Makeni. Da viele Kranke nichts bezahlen konnten, wurden sie gratis behandelt. Wir konnten vielen Patienten durch die Medikamente helfen, die wir ihm aus der Schweiz schickten. Unsere Motivation war, dass viele Menschen durch Abd medizinische Hilfe bekommen konnten. Wir wollten auch ihm und seiner großen Familie helfen.

Durch die herrschende Not kam ihm der Gedanke, ein Buschkrankenhaus zu bauen, und er begann, sich nach geeignetem Land umzusehen. Das war der Anfang eines großen Projektes.

Tausende Einheimische waren inzwischen von Sierra Leone in das angrenzende Guinea geflüchtet, wo sie in extra eingerichteten Flüchtlingslagern aufgenommen wurden.

Die Geschichte von Mariatu und ihrem Bein

Nun ein kleiner Bericht von einem ganz speziellen Fall. Im Jahr 1992 kam Mariatu, eine 20-jährige moslemische Frau zu mir mit einem Elephantiasisbein, d. h. einer abnormen Vergrößerung des Beines durch einen Lymphstau. Es war schlimm anzusehen. Sie hatte ständig heftige Schmerzen und flehte mich daher an, ihr zu helfen. Das versprach ich ihr zwar, wusste aber zu jener Zeit nicht, worauf ich mich einließ. Es wurde ein langer, mühsamer Weg, der zwei Jahre dauerte.

Ich versuchte bei verschiedenen Organisationen, jemanden zu finden, der bereit wäre, Mariatu zu operieren. Man gab mir die Adresse eines Chirurgen in London, der plastische Chirurgie praktizierte. Er verlangte aber 100 000 Dollar für so eine Operation. Da ich mit humanitärer Hilfe rechnete, war diese Summe illusorisch.

So suchte ich weiter und bekam die Adresse eines französischen Chirurgen, der in Dakar im Senegal arbeitete. Er erklärte mir, dass man mit plastischer Chirurgie Elephantiasis nicht operieren könne, da das gesamte Lymphsystem nicht mehr funktioniere, und es nur eine Möglichkeit dafür gäbe: die Amputation des Beines oberhalb des Knies. Das zu hören war ein harter Schlag, aber Mariatu wollte sich ihres kranken Beines entledigen.

Spenden kamen von verschiedenen meiner Patienten in La Lignière, die die Geschichte von Mariatu von mir gehört und auch die für sich sprechenden Fotos gesehen hatten.

Schließlich flog Mariatu in Begleitung einer australischen Krankenschwester, die gerade in Masanga arbeitete, im November 1993 nach Dakar, um dort operiert zu werden. Nach ihrer Amputation musste sie drei Monate für die Nachbehandlung im Hospital bleiben, aber die Krankenschwester musste nach 14 Tagen nach Masanga zurück.

Zu der Zeit war Patrick Maeder, adventistischer Pastor und Missionar, mit seiner Familie in Dakar. Ich kannte ihn aus der Gemeinde in der Klinik La Lignière und nahm Kontakt mit ihm auf. Ich erzählte ihm von Mariatu und bat ihn, dass er sich um sie kümmern möge. Patrick und seine Frau Doris nahmen sich ihrer herzlich an und erzählten ihr vom adventistischen Glauben. Sie wurde Christin, ließ sich taufen und kehrte nach Masanga zurück.

Als ich im Februar 1994 erneut nach Masanga kam, kam sie mit zwei Krücken und ihrer provisorischen Prothese schnell auf mich zu, umarmte mich und weinte vor lauter Freude und Dankbarkeit. Dann sah ich durch meinen Tränenschleier ihre Mutter, die mir auch um den Hals fiel. Da standen wir nun in einem Lepradorf mitten im afrikanischen Busch; es war eine ergreifende Szene. Auch mich erfüllte unsagbare Dankbarkeit – Dankbarkeit zu Gott, dass ich dieses Werk tun durfte und er mir immer wieder die Kraft dafür gab.

Es blieb noch ein Rest von dem gespendeten Geld, sodass wir ihr und ihrer Mutter ein kleines afrikanisches Häuschen bauen konnten. Darin richtete ich ihr einen Verkaufsraum mit verschiedenen Lebensmitteln ein, damit sie von dem Erlös ihren Lebensunterhalt bestreiten konnte.

Monate später bekam Mariatu eine richtige Prothese, die wir in Makeni anfertigen ließen. In einem Brief schrieb sie mir: „Lob und Dank sei Gott, der dieses Wunder an mir getan hat. Und herzlichen Dank an alle, die zu meinem neuen Leben beigetragen haben."

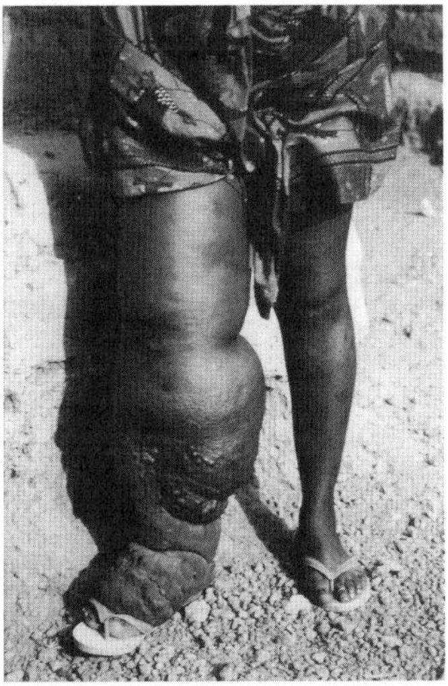

Mariatu mit Elephantiasisbein

Mariatu mit einer Prothese

Die Arbeit unseres Sohnes bei ADRA in Guinea

Unser Sohn Björn hatte inzwischen sein Universitätsstudium in Genf beendet. Er hat zwei Jahre Politikwissenschaft studiert und anschließend zwei Jahre am Genfer Hochschulinstitut für internationale Studien (IUHEI), das ihm ein Diplom in „Internationalen Beziehungen" verlieh.

Jodi, eine junge Frau aus Seattle (US-Bundessaat Washington), die in Paris an der Sorbonne studiert hatte, kam im Herbst 1992 nach Gland als Au Pair Mädchen, um ihr Französisch zu praktizieren. Sabbats besuchte sie die Gottesdienste in der Adventgemeinde auf dem Klinikgelände. Dort trafen wir sie und luden sie zu uns nach Hause ein. So lernten sich Björn und Jodi näher kennen und verliebten sich. Nach einem Jahr flog sie nach Seattle zurück, um ihr Studium zu beenden. Björn begleitete sie, um ihre Familie kennenzulernen und sich mit ihr zu verloben.

Nach seiner Rückkehr nach Gland im Oktober 1993 übernahm er eine Aufgabe bei ADRA, der adventistischen Entwicklungs- und Katastrophenhilfeorganisation. Er begann seine Arbeit in Guinea in Guéckédou für Flüchtlingsprojekte der Vereinten Nationen (des UNHCR). Er war als Programmanager für verschiedene Projekte im Westen Guineas verantwortlich und kam dadurch auch mit vielen Flüchtlingen aus Sierra Leone in Kontakt.

Auf einem meiner nächsten Flüge nach Sierra Leone im Februar 1994, der über Guinea ging, nutzte ich die Gelegenheit, unseren Sohn in Guéckédou zu besuchen. Er führte mich zu den verschiedenen Projekten von ADRA und in die umliegenden Flüchtlingslager. Sie beeindruckten mich sehr.

Mein Besuch bei Björn in Guéckédou

Bei dieser Gelegenheit teilte Björn mir mit, dass Jodi und er im Mai heiraten wollten. Für dieses freudige Ereignis flogen Karin und ich mit Kerstin nach Seattle. Nach ihrer Hochzeit flogen Björn und Jodi nach Guéckédou und blieben dort ein weiteres Jahr. Von dort wurden sie nach Nzérékoré, der zweitgrößten Stadt Guineas, versetzt, wo Björn als Manager eines Lagers mit 650 000 Flüchtlingen die Logistik übernahm.

Als der Direktor von ADRA-Guinea in Conakry, Hugo Wegmüller, nach Europa zurückkehrte, übernahm Björn seinen Posten als Landesdirektor. Er hatte nun die Verantwortung der ADRA-Programme für die Flüchtlinge, für Schulbauten, den Brunnenbau mit Installation von Pumpen und die Konstruktion von Rollstühlen.

Im Frühjahr 1995, als ich gerade in Sierra Leone war, kamen Björn und Jodi mich besuchen, um sich ein Bild von unserer Arbeit in Freetown und Masanga zu machen. Als Eltern freuten wir uns, dass unser Sohn den gleichen Weg für humanitäre Arbeit einschlug, denn man sah, dass er sich ganz für diese Projekte engagierte.

Nach dreieinhalb Jahren in Guinea entschieden sie sich jedoch, Afrika zu verlassen, und sich in Seattle in der Nähe von Jodis Eltern niederzulassen, um dort eine Familie zu gründen. Dort leben sie noch heute mit ihren zwei Kindern Jens und Marlise. Auf ihrem Rückflug im Herbst 1997 in die USA machten sie bei uns zu Hause in Gland drei Monate Ferien, um sich von Familienangehörigen in Deutschland und Freunden in der Schweiz zu verabschieden. Karin und ich waren gerade dabei, unser Häuschen zu räumen. Da Björn und Kerstin nicht mehr bei uns wohnten und das Haus nun für uns zu groß war, gab uns die Klinik eine angemessene Dienstwohnung.

Die große Not in Masanga

Gott zeigte uns immer wieder Mittel und Wege, um unsere humanitäre Arbeit fortzusetzen. Während meines nächsten Aufenthaltes in Freetown 1996 besuchten mich zwei Dorfbewohner aus Masanga. Sie kamen auf Umwegen durch die Absperrungen der Rebellen zu mir, weil sie mir eine wichtige Botschaft überbringen wollten. Sie wünschten dringend meine Anwesenheit in Masanga und baten um Hilfe, da im Dorf eine völlige Hoffnungslosigkeit herrschte. Die meisten Bewohner waren erkrankt und unterernährt. Sie brauchten dringend Medikamente und Reis.

Was konnte ich in dieser Situation tun? Auf dem Landweg fand sich keine Möglichkeit der freien Durchfahrt. Aber wenn alle menschlichen Türen verschlossen scheinen, öffnet Gott ein Fenster, eine Hintertür oder sogar ein Tor.

In Freetown gab es einen Helikopter der UNO, der einmal wöchentlich nach Makeni flog. Nach vielen Erklärungen und Verhandlungen mit dem UN-Verantwortlichen erlaubte man mir, beim nächsten Flug mitzufliegen. Ich durfte Medikamente aus Freetown mitnehmen; Reis kaufte ich in Makeni ein.

In Makeni wartete ein Jeep auf mich, der vollgestopft war mit Leuten, die nach Masanga wollten, sodass ich auf der Rückbank von außen nicht zu sehen war. An jedem Checkpoint wurden wir angehalten, aber da mich niemand sah, erreichten wir ohne Zwischenfälle Masanga.

Es war schlimm, die Menschen so leiden zu sehen, denn es mangelte wirklich an allem. Was ich an Medikamenten mitgenommen hatte, wurde ausgegeben, aber sie reichten bei Weitem nicht aus. Bei der Reisverteilung ging es hektisch zu, denn der Hunger war groß, und jeder hatte Angst, nichts abzubekommen.

Nach einer Woche hörte ich, dass die Rebellen erfahren hatten, dass sich ein Weißer mit angeblich viel Geld in Masanga aufhielt. Das war ein Alarmsignal. Es hieß, schleunigst die Sachen zu packen und so schnell wie möglich nach Makeni zu fahren, um mit dem UN-Helikopter wieder zurück nach Freetown zu fliegen. Wie auch auf der Hinfahrt wurde ich wieder im Auto zwischen den Afrikanern versteckt und erreichte unbehelligt Makeni.

Der Bürgerkrieg ging weiter und wurde immer grausamer. Wenn die Rebellen durch den Busch zogen, überfielen sie alle Dörfer, die auf ihrem Weg lagen. Wer ihnen nicht zu Willen war, wurde umgebracht oder misshandelt. Man sprach davon, dass die Rebellen ungefähr 10 000 Menschen die Hände oder Arme mit dem Buschmesser abgeschlagen hatten; manchen wurden die Augen ausgestochen. Kinder wurden mitgenommen und zu Soldaten ausgebildet. Sie bekamen jeden Morgen eine Drogenspritze und wurden angewiesen, so viele Menschen wie möglich umzubringen oder zu verstümmeln. Es waren fürchterliche Jahre.

Eine Karambolage mit positiven Folgen

Gott half mir und unserer Gruppe immer wieder weiter. Das erwies sich erneut im Frühjahr 1996. Ich war wieder in Sierra Leone, um die in der Zwischenzeit nach Afrika transportierten Autos zu verkaufen. Eines der Autos hatte einen kleinen Zusammenstoß mit einem anderen Fahrzeug, das von einem jungen Mann gefahren wurde. Dabei wurde die hintere Stoßstange demoliert.

Der Onkel dieses Mannes arbeitete im Ministerium für Entwicklungshilfe in Freetown. Durch diesen Unfall erfuhr er von unserer

Arbeit und fragte mich, warum wir Zoll für den Inhalt unserer Container zahlten und dann alles verschenkten. Er schlug uns vor, eine humanitäre Organisation zu gründen, um den Zoll zu sparen. Wir verabredeten uns in seinem Büro und überlegten, welchen Namen wir der Hilfsorganisation geben könnten. So entstand die „Swiss Sierra Leone Development Foundation" (SSLDF), die bis heute als eingetragene Nichtregierungsorganisation (NGO) fungiert.

Mit meiner Familie in der Schweiz wählte ich die vier Hauptarbeitsbereiche aus: Medizin, Landwirtschaft, Bildung und Hilfsgüter. Gemeinsam entwickelten wir das Logo für die Organisation. Es enthält auch das Bild einer Bibel, um die geistliche Dimension unserer Arbeit zu unterstreichen.

Karin erkundigte sich beim Eidgenössischen Amt für das Handelsregister (EHRA), ob wir den in Sierra Leone gegebenen Namen „Swiss Sierra Leone Development Foundation" auch in der Schweiz benutzen dürften. Es teilte uns mit, dass wir den Namen benutzen können, uns aber an das kantonale Handelsregister wenden müssten, um sie als Stiftung eintragen zu lassen. Das wäre aber mit sehr viel Geldaufwand verbunden gewesen (wir hätten für die Stiftung eine Kapitaleinlage leisten müssen), und da wir kein Kapital besaßen, blieb SSLDF in der Schweiz einige Jahre ohne rechtlichen Rahmen. (Im Jahr 2003 wurde es dann dringend erforderlich, einen Verein zu gründen.)

Ich musste in Sierra Leone einen Antrag auf Anerkennung unserer Hilfsorganisation stellen, der aufgrund unserer bisherigen Arbeit sofort genehmigt wurde. Was ich aber nicht kannte, war folgende Bestimmung: Eine eingeschriebene Nichtregierungsorganisation in Sierra Leone musste ein Büro in Freetown mit mindestens fünf Angestellten haben. Dafür wurden Computer benötigt und geschultes Personal. Damit wartete neue Arbeit auf mich, das alles zu organisieren.

Ich fand schließlich ein Büro und nach und nach das Personal – unter anderen einen Projektleiter, der die Projekte der SSLDF während meiner Abwesenheit leitete. Zu gleicher Zeit stellte ich auch Samuel Cole ein, einen 22-jährigen Mann, der eine gute Schulausbildung besaß und als meine rechte Hand fungierte. Samuel wurde zugleich mein Bodyguard, denn ich war Jahre zuvor einmal überfallen worden. Er war nun immer an meiner Seite und half mir bis heute durch viele Schwierigkeiten hindurch.

Mein Assistent Samuel Cole

Als Nichtregierungsorganisation (NGO) bekamen wir Projekte und das dazugehörige Material von der Regierung Sierra Leones zugeteilt, um in vielen Bereichen helfen zu können. Darunter waren Hilfsleistungen bei der Reisverteilung, Versorgung von Flüchtlingslagern mit Zelten und die Ausstattung von Minifarmen zur Entwicklung der Tierzüchtung. Die Hilfe war notwendig, da die Rebellen für ihren Gebrauch alles gestohlen hatten. Damit öffneten sich für unsere junge Organisation neue Wege der Hilfeleistung.

Kapitel 6

Das unglaubliche Vorhaben von Dr. Abd Sesay

Im Herbst desselben Jahres (1996) ereignete sich etwas Außergewöhnliches: Ich hatte einen Wirbelsäulenvorfall und musste zu einer Operation ins Krankenhaus.

Während meines stationären Aufenthaltes brachte mir Karin einen dicken Brief aus Sierra Leone mit. Der Absender war Dr. Abdulai Daniel Sesay. Im Briefumschlag befanden sich verschiedene Schriftstücke und ein langer Brief.

Beim Lesen wurde mir ganz komisch zumute. Ich wusste nicht, ob ich weinen oder lachen sollte. Der Inhalt seines Briefes war schon ein bisschen verrückt. Abd, wie ihn alle nannten, schrieb von der anhaltenden Kriegssituation und den damit verbundenen Leiden, den zerstörten Krankenhäusern und von vielen kranken Menschen, die litten und starben, weil es weit und breit keine medizinische Hilfe gab.

Da auch seine kleine Klinik in Makeni inzwischen von den Rebellen zerstört worden war, kam ihm der Gedanke, Kontakt mit Landbesitzern in Magbenteh – drei Kilometer von Makeni entfernt – aufzunehmen. Er fragte sie, ob sie bereit wären, Land günstig zu verkaufen, um darauf ein Krankenhaus für die ganze Region zu bauen. Nach mehreren Verhandlungen willigten einige Familien ein – aber nur für ein Krankenhausprojekt. Abd schickte mir zusammen mit seinem Brief einen Plan für ein Buschkrankenhaus mit 50 Betten.

Am Schluss des Briefes kam der letzte Schock. Der ungefähre Preis des Krankenhausbaus belief sich auf etwa 100 000 Dollar. Obwohl ich die Notwendigkeit einsah, erschlug mich diese Summe, und ich dachte immer wieder: *Wie stellt sich Abd das denn bloß vor?*

100 000 Dollar zu beschaffen war für mich so kolossal, dass ich dachte, ich müsste über das Matterhorn (den höchsten Schweizer Berg, 4478 Meter hoch) klettern, was ich natürlich nie schaffen würde. Also hielt ich diese Idee von Dr. Abd Sesay für unmöglich zu verwirklichen.

Aber der Gedanke daran hatte sich bei mir bereits festgesetzt.

Ein verwirrendes Gespräch

In der folgenden Nacht konnte ich nicht schlafen. Am nächsten Tag besuchte mich ein Glaubensbruder, dem ich die ganze Sache erzählte. Ich zeigte ihm die Pläne, die Abd geschickt hatte, und nannte ihm die Summe von 100 000 Dollar. Dann erklärte ich ihm, dass das Projekt aus meiner Sicht nicht zu verwirklichen sei.

Er schaute mich an, schmunzelte und fragte mich dann: „Glaubst du an Gott?"

Ich erwiderte: „Selbstverständlich glaube ich an Gott."

„Dann glaubst du auch, dass Gott Wunder tun kann?"

„Natürlich glaube ich daran, aber das hier hat doch nichts mit Wundern zu tun. Das ist für mich eine Unsumme. Wo soll ich die hernehmen?"

Er zitierte daraufhin den bekannten Bibeltext: „Bei Gott ist kein Ding unmöglich." (Lukas 1,37)

Ich musste zugeben, dass Gott uns in unserer Arbeit in Sierra Leone stets geholfen hatte, aber 100 000 Dollar aufzubringen, das schien mir viel zu viel.

Ich fragte ihn: „Wie sollen wir das ganze Geld denn zusammenbekommen?"

Seine Antwort lautete einfach: „Durch Gebet."

Ich blieb realistisch und erwiderte: „Gut und schön – aber durch das Beten fallen nicht einfach 100 000 Dollar vom Himmel."

Darauf meinte er: „Frage Gott, was du tun sollst, und bitte ihn um eine Antwort."

Wir redeten noch eine Weile; dann ließ er mich mit meinen Gedanken allein. Ich war nun ziemlich durcheinander.

Nachdem ich aus dem Krankenhaus entlassen worden war, musste ich viel über seine Worte und Vorschläge nachdenken. Zuallererst kam der Familienrat zusammen, bestehend aus Karin, Björn, Kerstin und mir, denn es würde ja eine große Belastung für die ganze Familie werden, solch ein Projekt in Angriff zu nehmen. Das einfachste blieb natürlich, Abd eine Absage zu schicken. Diese Möglichkeit hatten wir ja auf jeden Fall.

Aber da ich die miserable Situation, den Hunger, die Krankheiten und das Elend in Sierra Leone kannte – einige Menschen waren in meinen Armen gestorben – konnte ich das Ganze nicht einfach so abtun und die Augen davor verschließen.

Aufs Neue entschieden wir, Gott um Hilfe zu bitten. Wollte *er* dieses Krankenhaus tatsächlich bauen lassen oder war das nur eine Idee von Abd?

Unsere Absprache mit Gott

Es klingt vielleicht anmaßend, aber wir machten einen „Deal" mit Gott: „Herr, wenn der Krankenhausbau dein Wille ist und du uns als Werkzeuge benutzen willst, dann lass uns diese 100 000 Dollar als Zeichen deines Einverständnisses bekommen. Wir befinden uns im Oktober 1996 und werden bis Ende 1997 auf eine Antwort warten. Können wir bis dahin die Summe nicht aufbringen, dann werden wir unsere humanitäre Arbeit wie bisher fortführen und lassen das Krankenhausprojekt fallen."

Außer unserer Helfergruppe beteten etwa zehn weitere Personen um diese Sache. Für uns begann eine spannende Zeit. Alle Menschen unseres Umfeldes – Freunde und Bekannte, Kollegen und Patienten – erfuhren von diesem neuen Hilfsprojekt.

Es kamen auch Vorschläge, was wir tun könnten, um an diese Summe zu gelangen. Zum Beispiel schlug ein Patient vor, Bausteine aus Karton anzufertigen und für einen symbolischen Preis von 100 Schweizer Franken zu verkaufen. Er überreichte mir auch die ersten 100 Franken für das Krankenhaus.

Leider blieb es der erste und letzte Stein.

Afrika hat für viele Menschen einen bitteren Beigeschmack, denn viele glauben, dass die Spendengelder nicht ihren Zweck erfüllen. Hinzu kam die schreckliche Lage in Sierra Leone und die Berichterstattung über viele Missstände und die Korruption. Es blieb die unbeantwortete Frage: „Was geschieht mit den Spendengeldern?" Wir konnten die Vorbehalte durchaus verstehen, warteten aber weiter auf die Antwort von Gott.

Ich fuhr auch mit dem Schweizer Konsul von Sierra Leone (er hatte seinen Sitz in Genf) nach Bern, um bei der „Direktion für Entwicklung und Zusammenarbeit" (DEZA) der Schweizer Regierung um finanzielle Unterstützung zu bitten. Aber mit welch einem Ansinnen kamen wir? Wir wollten ein Krankenhaus in einem afrikanischen Land bauen, in dem seit Jahren Bürgerkrieg herrschte und kein Ende abzusehen war. Dennoch hielten wir unseren kleinen Hoffnungsschimmer, dass Gott uns bei der DEZA Türen öffnen würde, so lange aufrecht, bis wir eine Antwort bekamen.

Meine Hauptansprechpartner aber waren nach wie vor meine Patienten, denn fast jeder hörte meine Berichte. Darunter war eine Frau, die monatelang aufgrund eines Schlaganfalls in der Klinik La Lignière war und auch von mir behandelt wurde.

Ich lernte ihren Mann bei dessen Besuchen in der Klinik kennen – einen Geschäftsmann, dem humanitäre Projekte sehr am Herzen lagen und der damals bereits ein Projekt im Tschad finanziell unterstützte. Valentin hatte von seiner Frau von meinen Hilfsprojekten in Sierra Leone und dem neuen Krankenhausprojekt erfahren. Jedes Mal, wenn wir uns in der Klinik trafen, erkundigte er sich, wie weit wir mit diesem Projekt gekommen wären. Sabbats besuchte er mit seiner Frau sogar die Gottesdienste, die auf dem Klinikgelände abgehalten wurden.

Es wurde aufs Neue eine Prüfungszeit, denn niemand wollte sich wegen des weiter andauernden Bürgerkrieges finanziell in Sierra Leone engagieren. Bekamen wir deswegen keinerlei Spenden? Es war das erste Mal für uns Beteiligte, solch eine an Wunder grenzende Erfahrung mit Gott zu erbitten. Das tägliche Gebet führte uns näher zu ihm und bestärkte uns im Durchhalten.

Afrikaner lernen Stricken

Wie in dieser Wartezeit die Hilfsaktionen fortgesetzt wurden, zeigt die Geschichte von Hanni Gessler. Sie stammte aus dem nahegelegenen Nyon, war 75 Jahre alt und hatte eine Wirbelsäulenoperation hinter sich. Zur Rehabilitation war sie in die Klinik La Lignière überwiesen worden und erhielt von mir eine physiotherapeutische Behandlung.

Natürlich erzählte ich auch ihr von unserer Arbeit in Afrika. Hanni war sofort begeistert und fragte, auf welche Art sie helfen könnte und ob die Afrikaner auch Wollsachen tragen. Ihre Fragen konnte ich nur bejahen, denn viele Afrikaner tragen in der Tat Wollsachen, speziell Pudelmützen.

Als Hanni meine Antwort vernommen hatte, war sie so begeistert, dass sie auf meiner nächsten Reise unbedingt dabei sein wollte, um Afrikanern in Masanga das Stricken zu lehren. Sie besorgte säckeweise rohe Schafwolle und ein Kadergerät, um die Wolle zu kämmen, und kaufte ein Spinnrad. Sie besaß damit alle nötigen Vorrichtungen, um die Wolle zu verarbeiten. Die Sachen stellte sie für den nächsten Containertransport bereit, obwohl zu jener Zeit die Verhältnisse in Sierra Leone durch den Bürgerkrieg katastrophal waren.

Im Frühjahr 1997 flog ich erneut nach Sierra Leone. Dieses Mal begleitete mich Hanni. Der Container war bereits angekommen. Von Freetown konnten wir sogar bis Makeni fahren, aber nicht nach Masanga. Einige Familien aus Masanga, die mich kannten, hatten sich dort angesiedelt. Als sie hörten, dass wir gekommen waren, um sie das Stricken zu lehren, kamen mehr Leute, als wir erwartet hatten.

Es war keine leichte Arbeit, die rohe geschorene Wolle zu verarbeiten. Hanni fing an, den Frauen von Grund auf das Handwerk beizubringen. Zuerst wurde die Wolle gewaschen und getrocknet, dann kam das Kadern und Spinnen. War der Faden nach dem Spinnen gefertigt, begann das Stricken.

Während Hanni mit ihrer Gruppe beschäftigt war, kümmerte ich mich um die Verteilung der Sachen aus dem Container.

Die Strickgruppe war eine lustige Gesellschaft. Ich hatte viel Freude, ihren Eifer zu beobachten, Hannis Belehrungen anzuhören und zu sehen, mit welcher Emsigkeit gelernt wurde. Auch einige Männer waren dabei – und begeistert. Hanni war als Stricklehrerin sehr streng. Was die Strickschülerinnen und -schüler nicht korrekt ausgeführt hatten, entfernte sie geradewegs wieder von der Nadel. Aber mit Gesang, vielem Lachen und reichlicher Begeisterung kamen zum Schluss sehr schöne und nützliche Handarbeiten heraus.

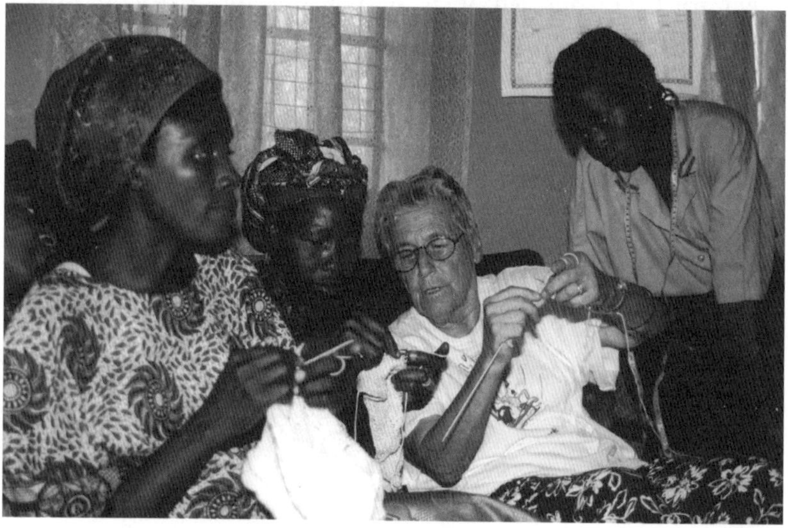

Hanni mit ihrer Gruppe beim Stricken

Hanni war stark berührt von dem vielen Elend um sie herum und konnte oftmals nur mit Mühe ihre Tränen zurückhalten. Sie sagte mir des Öfteren: „Am Tage vor den Leuten kann ich meine Tränen noch zurückhalten, aber wenn ich abends in meinem Bett liege, kann ich nicht mehr an mich halten und lasse den Tränen freien Lauf."

Für Hanni war diese Reise eine neue Lebenserfahrung. Nach ihrer Rückkehr in die Schweiz hörten ihre vielen Bekannten ihre erschütternden Berichte aus Sierra Leone. Sie half uns nun, wo immer sie konnte – und das auch in finanzieller Hinsicht.

Auf einem kurzen Urlaub 1997 in Jugoslawien

Vergebliches Warten?

Der Ruf nach einem neuen Krankenhaus in der Gegend von Makeni blieb natürlich aktuell. Karin und ich warteten täglich auf eine Antwort Gottes. Ein Jahr war seit unserem „Deal" vergangen; es hatte sich jedoch bis dahin bezüglich dieses Projektes nichts ereignet. Aber es blieben ja noch drei Monate Wartezeit. Wir hörten nicht auf, täglich unsere Pläne Gott vorzulegen. Wir hatten sie in Gottes Hand gelegt, und sein Wille sollte geschehen.

Bis kurz vor Abschluss der Wartezeit hatten wir praktisch noch keine Gelder für den Krankenhausbau bekommen. Von der Schweizer Regierung, dem erwähnten Amt für Entwicklungshilfe (DEZA), bekamen wir dann eine Absage, begründet mit der momentanen Bürgerkriegssituation. Das war zu erwarten gewesen.

Obwohl nun noch zweieinhalb Monate Zeit bis zum Schlusstermin des Deals mit Gott blieben, kamen wir mit unserer Gruppe bereits zu der Überzeugung, dass wir wohl eine Enttäuschung erleben würden. Andererseits glaubten wir dennoch an die Möglichkeit der Erfüllung, denn dieses Projekt sollte so vielen Menschen helfen!

Zweifle nie an Gott! Wie er auch immer entscheiden wird, selbst wenn es nicht unserem Plan entspricht: Er handelt richtig!

Es war ein sonniger Herbsttag, als ich zum Mittagessen nach Hause kam und Karin mir freudig mitteilte: „Heute ist ein ganz spezieller Tag!" Sie zeigte dann auf meinen Teller, auf dem ein Briefumschlag ohne Absender lag.

Als ich den Inhalt aus dem Umschlag nahm, verschlug es mir die Sprache. Tränen rollten über unsere Wangen, denn wir konnten es nicht fassen. Vor uns lag die Antwort, für die wir über ein Jahr gebetet hatten: Ein Scheck über 100 000 Dollar! Wir waren überwältigt von dem, was wir sahen.

Solche Erlebnisse kann man kaum beschreiben, man muss sie selbst machen. Es war so, als ob sich der Himmel auftat. Das war nun das JA Gottes, das Krankenhaus in Magbenteh zu bauen.

Der Scheck war von Valentin unterzeichnet. Wir hatten nie gedacht, dass er auch unser Projekt finanziell unterstützen würde. Diese Erfahrung zeigte uns aufs Neue, wie Gott manche Menschen lenken kann, um Notleidenden zu helfen.

Jeder, der diese Glaubenserfahrung hörte, bekam eine Gänsehaut. Gott ist da und er handelt! Das erlebte Wunder gab uns allen neuen Aufschwung weiterzumachen. Wir fühlten uns in unserem Glauben bestärkt und empfanden noch größere Freude als bisher.

Von diesem Moment an zweifelte ich nie mehr in meinem Leben an Gott, und ich denke, dass es den meisten Anderen aus unserer Helfergruppe genauso ging. In schwierigen und kritischen Situationen wussten wir nun sicher: Gott ist da! Und wie sie auch immer endeten, sagten wir uns: „Dein Wille geschehe!"

Die Nachricht von dem Scheck gab ich schnell nach Sierra Leone weiter. Auch dort war die Freude und Dankbarkeit riesig groß.

Das größte Problem aber blieb nach wie vor der Bürgerkrieg. Solange die schrecklichen Massaker im Land anhielten, bei denen Zehntausende Sierra-Leoner ums Leben kamen (genaue Zahlen gibt es nicht), mussten wir mit dem Baubeginn warten.

Kapitel 7

Die Vorbereitung des Hospitalbaus

Im Januar 1998 trafen Karin und ich mit unserem Sponsor Valentin und mit Hanni zusammen. Er schlug uns vor, seinen Neffen Jean-Pierre, der Architekt war, nach Sierra Leone zu schicken, um die Baupläne für das Krankenhaus anzufertigen und die genauen Kosten zu kalkulieren. Wenn der Bürgerkrieg zu Ende ging, könnten wir dann sofort mit dem Bau beginnen.

Bald trafen wir uns mit Valentin und Jean-Pierre, um ihn kennenzulernen und zu fragen, ob er bereit wäre, diesen Auftrag zu übernehmen. Jean-Pierre ist Franzose und Sohn einer protestantischen Missionarsfamilie, die in der Elfenbeinküste gearbeitet hatte. Er kannte sich also in Afrika gut aus.

Durch unsere Gespräche lernte er die Arbeit unserer Hilfsorganisation „Swiss Sierra Leone Development Foundation" (SSLDF) und das Bauprojekt näher kennen. Da er keine Probleme mit der derzeit herrschenden Bürgerkriegssituation hatte, nahm er unseren Auftrag gern an.

Nachdem er unsere Vorschläge angehört und sich damit einverstanden erklärt hatte, plante ich sofort die nächste Reise mit Hanni und Jean-Pierre nach Sierra Leone für den Februar.

Die Reise mit Jean-Pierre nach Makeni

Wegen des Bürgerkrieges gab es keine Möglichkeit mehr, von Europa direkt nach Sierra Leone zu fliegen. Mit dem Flugzeug konnten wir lediglich Conakry in Guinea erreichen. Von dort aus mussten wir versuchen weiterzukommen. Auf dem Landweg konnten wir als Ausländer die Grenze nach Sierra Leone nicht passieren, und von Guinea aus gab es keine Flüge mehr nach Freetown. Folglich saßen wir in Conakry fest!

Da erzählte uns Michel, ein Angestellter unseres Hotels, der sich am Flughafen auskannte und dort gute Beziehungen besaß, von einer Gruppe, die ein Kleinflugzeug gechartert hatte, um ihren in Deutschland verstorbenen Verwandten (einen ehemaligen Minister von Sierra Leone) nach Freetown zu bringen. Michel wollte versuchen, für uns drei Plätze für diesen Flug zu bekommen – quasi als Begleitpersonen des ehemaligen Ministers.

Da es keine andere Möglichkeit gab, von Conakry wegzukommen, verlangte man von uns den doppelten Flugpreis. Wir mussten ihn notgedrungen akzeptieren. Auf diese Weise gelang es uns jedoch, als Verwandte der Hinterbliebenen mitzufliegen. Es gab zwar noch zahlreiche Formalitäten zu erledigen, aber dann ging es endlich los.

Zusammen mit 15 Trauergästen und dem Sarg erreichten wir Freetown. Nachdem alle Reisepässe abgestempelt waren, durften wir den Flughafen verlassen. Wir fanden ein günstiges Hotel für Jean-Pierre, Hanni und mich und fuhren am nächsten Tag mit dem Fahrzeug der „Swiss Sierra Leone Development Foundation" nach Makeni. Zu jener Zeit war es noch möglich, die vorhandenen Checkpoints zu passieren.

Jean-Pierre erhielt die Anweisung, das Budget von 100 000 Dollar nicht zu überschreiten. Es wurde eine harte Planungsarbeit für ihn, denn jeder Stein und jeder Nagel musste berechnet werden – und das für zehn Gebäude.

Hanni und ich erledigten während der Zeit die Verteilung des Inhaltes eines weiteren Containers. Nachdem alles Nötige durchdacht und besprochen war, flogen Hanni und ich zurück in die Schweiz und ließen Jean-Pierre in der Obhut von Dr. Abd Sesay. Bei ihm konnte er auch wohnen, wenn er sich in Makeni aufhielt.

Weil die Telefonverbindungen schlecht und sehr teuer waren, unterließen wir jegliche Telefonate und warteten mit Spannung auf die Rückkehr von Jean-Pierre und die Ergebnisse seiner Arbeit. Wie geplant kam er drei Monate später zurück mit den Plänen für das Krankenhaus und mit einem Kostenvoranschlag.

Die Pläne für das Buschhospital

Wir vereinbarten einen Termin und trafen uns mit Valentin und Hanni, um Jean-Pierres Bericht zu hören und daraufhin Entscheidungen zu treffen. Der schwierigste Punkt war die Endsumme seiner Berechnungen des Bauprojektes, denn die Kosten würden das Doppelte von dem betragen, was Dr. Abd Sesay veranschlagt hatte und wir an Spenden besaßen. Jean-Pierre erklärte uns, dass er zwar versucht hätte, die Kosten so niedrig wie möglich zu halten, aber unsere Vorgaben an nötigen Gebäuden wären mit 100 000 Dollar keinesfalls zu verwirklichen. Das war auch ein Resultat der ständig steigenden Baukosten in Sierra Leone.

Wir trafen uns nun regelmäßig mit Valentin und Hanni, um dieses Problem zu besprechen und eine mögliche Lösung zu finden. Geplant war ein Krankenhaus mit 50 Betten. Unbedingt gebraucht wurde eine Entbindungsstation, je ein Haus für Frauen, Männer und Kinder und ganz sicher ein Operationstrakt. Geplant war auch eine Physiotherapieabteilung, die ich vielen Patienten während all der vergangenen Jahre bereits versprochen hatte. Auch dafür war ein eigenes Gebäude erforderlich.

Wie konnten wir dieses Problem lösen? War alles nur Utopie? Hatte sich Abd mit den Baukosten von 100 000 Dollar so sehr verrechnet?

Der Landkauf und die Wasserversorgung

Hanni und ich planten schon die nächste Reise nach Sierra Leone, denn die Verteilung eines weiteren Containers mit Hilfsgütern musste organisiert werden.

Wir kamen unversehrt nach Makeni. Dort übernahm Hanni sogleich ihre Ausbildungstätigkeit im Stricken mit der Gruppe vom vergangenen Jahr. Viele neue Lernwillige kamen dazu. Im Container befanden sich wiederum rohe Schafswolle und auch ein zweites Spinnrad.

Bei meinen täglichen Gesprächen mit Abd und Hanni wurde auch die Frage nach einem geeigneten Namen für das Krankenhaus erörtert. Viele Vorschläge wurden gemacht und diskutiert. Zum Schluss entschieden wir uns für Hannis Vorschlag „Seven Palmtree-Hospital" (Sieben Palmen-Krankenhaus). Sie erklärte die Namensgebung so: „Die Zahl sieben ist die biblische Vollzahl, und Palmen gelten als Bäume des Friedens." Wir fanden ihre Deutung bemerkenswert und nahmen ihren Vorschlag an. Deshalb wollten wir natürlich auch als Wahrzeichen des Hospitals eine Gruppe von sieben Palmen auf dem zukünftigen Gelände haben.

Nach den Verhandlungen von Abd mit den Landbesitzern im vergangenen Jahr konnten wir nun einen guten Preis aushandeln und zum Kauf übergehen. Schließlich kamen er, Hanni und ich überein, dreieinhalb Hektar Land in Magbenteh nahe Makeni zu kaufen.

Da es zu dem erworbenen Landstück keine Zufahrtsstraße gab, sie aber unbedingt nötig war, um hinzukommen, kauften wir einige Monate später weitere zweieinhalb Hektar Land, das uns mit der Hauptstraße von Freetown nach Makeni verband.

Auf den gesamten sechs Hektar Buschland – mit Hügeln und einem Felsmassiv im Hintergrund – stand auch eine verlassene Schule. Zu jener Zeit konnte man sich kaum vorstellen, dass hier einmal ein Krankenhauskomplex entstehen sollte.

Ein großes Problem in Afrika ist Trinkwasser. Doch auch dafür hatte Gott bereits vorgesorgt! Neben unserem gekauften Gelände lag ein kleines Tal, in dem sich eine Quelle mit sauberem Wasser befand. Die Einheimischen holten sich von dort ihr Trinkwasser, wuschen damit ihre Wäsche und sich selbst. Nach vielen, langen Verhandlungen mit dem Besitzer konnten wir auch dieses kleine Tal mit der Quelle kaufen. Die Gesamtkosten für die erworbenen Ländereien betrugen nun schon 13 000 Dollar!

Täglich besuchte ich Hanni und ihre Strickgruppe. Eines Tages sagte sie mir: „Unser Aufenthalt in Afrika nähert sich dem Ende, aber wir haben immer noch nicht die sieben Palmen gekauft und gepflanzt." Ich hatte bei all meiner Arbeit die Palmen komplett vergessen und entschied mich kurz entschlossen, sofort loszufahren, um irgendwo sieben Palmen zu kaufen und sie als Symbol für unser Krankenhaus auf dem Gelände zu pflanzen. Leider konnten wir in Magbenteh und Makeni in dieser Zeit keine kleinen Palmen finden.

Wir fuhren aber dennoch zu unserem Gelände, um einen geeigneten Platz für die Palmen auszusuchen. Wir wollten dann jemanden damit beauftragen, mit Beginn der Regenzeit sieben Palmen zu pflanzen.

Während wir noch über den besten Platz nachdachten, kam jemand ganz aufgeregt angelaufen und forderte uns auf, mit ihm zu kommen. Er wollte uns unbedingt etwas zeigen und brachte uns zu einer Stelle auf dem Gelände, wo eine Gruppe von großen Palmen stand. Als wir die Palmen zählten, waren es genau sieben. Wir bestaunten sie als ein weiteres Wunder Gottes und eine weitere Bestätigung unseres Vorhabens.

Vor unserer Abreise in die Schweiz mussten Abd, Hanni und ich noch Entscheidungen für das Wasserprojekt treffen. Es mussten Pläne für die Wasserversorgung gelegt werden, um im Tal mit der Quelle ein großes Reservoir bauen zu lassen. Über Rohre sollte das Wasser nach oben auf das Gelände in einen Wasserturm gepumpt werden. Das alles würde zusammen etwa 14 000 Dollar kosten. Hanni und mir war klar, dass wir nach unserer Rückkehr in die Schweiz Spenden für dieses Projekt sammeln mussten, damit wir es in Auftrag geben konnten. Mit diesen Gedanken flogen wir in die Schweiz zurück.

Hanni, Karin und ich trafen uns mit Valentin, um ihm über unseren Aufenthalt in Makeni zu berichten. Wir erzählten ihm auch von dem Wasserversorgungsprojekt. Da es unbedingt notwendig war, erklärte er sich spontan bereit, die 14 000 Dollar dafür zu spenden. So konnten die Bauarbeiten dafür sofort beginnen. Das war der Start der ersten Etappe des Krankenhausprojektes. Ende 1998 war die Wasserversorgung bereits fertig.

Bei unserem Treffen besprachen wir auch das Problem der fehlenden 100 000 Dollar, die Jean-Pierre an Mehrkosten für die Errichtung der Gebäude errechnet hatte. Da das Krankenhaus absolut notwendig war, warteten wir sehnsüchtig – wie die ganze Bevölkerung Sierra Leones – auf das Ende des Bürgerkrieges.

Kapitel 8

Die Begegnung mit den Rebellen

Monate vergingen und jeder von uns fragte sich, wann der Bürgerkrieg in Sierra Leone endlich zu Ende gehen würde, denn mit jedem Jahr wurde die Not größer.

Im Januar 1999 unternahm ich mit einer achtköpfigen Gruppe eine Reise nicht per Flugzeug, sondern erneut auf dem Landweg über Nordafrika (es war die vierte). Auf dieser Reise begleitete mich meine Schwester Gudrun, die sehr an unseren Projekten interessiert war.

Wir fuhren mit vier Autos: ein Renault-Minibus mit Vierradantrieb und drei Geländewägen (einem Steyr Puch-Mercedes, einem Isuzu Trooper und einem Nissan Patrol) – alles Gebrauchtwagen, die aber noch in gutem Zustand waren. Die Bedingungen der Mitreise waren: Jeder Teilnehmer musste sein Fahrzeug selbst kaufen, die Benzin- und Reisekosten tragen und es am Ende der Reise der Organisation SSLDF übergeben.

In jedem Auto fuhren zwei Personen, damit sie sich beim Fahren abwechseln konnten. Es waren Bekannte aus unserer Umgebung, die sich für unser Projekt interessierten und auf diesem Wege helfen, aber auch etwas Abenteuerliches erleben wollten.

Leider kamen wir nur bis Conakry in Guinea, da die Rebellen zum ersten Mal während der vielen Bürgerkriegsjahre in die Hauptstadt eingedrungen waren und verheerende Massaker angerichtet hatten. Überall in Freetown wurde wild herumgeschossen. Viele Menschen starben und wurden einfach auf den Straßen liegengelassen, da sich niemand aus den Häusern heraustraute. Die Rebellen hatten auch viele Häuser zerstört oder abgebrannt. Es herrschte ein völliges Chaos.

Wir wandten uns in Conakry an das dortige Büro des „Adventistischen Entwicklungs- und Katastrophenhilfswerks“ (ADRA). Aufgrund der Auskünfte, die wir erhielten, gaben wir jegliche Hoffnung auf, weiter nach Sierra Leone zu kommen. Einige Teilnehmer waren sehr enttäuscht, aber wir machten das Beste daraus, da wir eine Woche in Conakry auf unseren Rückflug warten mussten. Wir unternahmen Ausflüge auf die umliegenden Inseln, wobei meine Schwester sich unglücklicherweise ein Handgelenk brach.

Meine Stimmung war sehr gemischt, denn ich trug die Verantwortung für die Gruppe und die Fahrzeuge sowie dafür, wie diese später nach Sierra Leone gebracht werden sollten. Mit einer Zollgenehmigung durften die vier Autos bis auf weiteres im Hof der ADRA-Dienststelle untergestellt werden. So flogen wir unverrichteter Dinge zurück in die Schweiz.

Die bei ADRA in Conakry untergestellten Autos

Ein neuer Versuch der Überführung der Autos

Als das Militär die Rebellen zurückgeschlagen hatte, trat in Freetown endlich wieder Ruhe ein. Daher flog ich im Herbst mit Hanni und Rudi, einem Automechaniker, der uns schon im Januar begleitet hatte, nach Conakry, um die vier Fahrzeuge nach Sierra Leone zu bringen.

Auf uns warteten viele Probleme und Komplikationen. Die Autos hatten acht Monate lang im Hof der ADRA-Dienststelle gestanden, davon fünf in der Regenzeit. Wir mussten daher jedes Fahrzeug zuerst wieder fahrtüchtig machen. Hinzu kamen Probleme beim Zollamt, die Autos wieder auszulösen.

Da die Grenzen nach Sierra Leone weiterhin geschlossen waren, konnten wir nicht auf dem Landweg nach Sierra Leone einreisen. Da war guter Rat teuer.

Nach vielen Erkundigungen fanden wir im Hafen von Conakry ein kleines Schiff, das alle Arten von Transporten übernahm und auch Passagiere beförderte. Die vier Autos mussten mit einem Kran durch eine Ladeluke in den Stauraum gehievt werden. Das Dach einer unserer Jeeps war zu hoch und wurde enorm beschädigt, aber wir hatten keine andere Wahl.

Komplikationen erwarteten uns auch nach unserer Ankunft im Hafen von Freetown. Der Zoll beschlagnahmte sofort die Autos. Bis alles zu unseren Gunsten geregelt war, verging natürlich viel Zeit. Überall in Freetown sahen wir noch die Nachwirkungen der Rebellenattacken.

Zwei Fahrzeuge konnten wir verkaufen, um die Einwohner von Masanga mit Lebensmitteln und Medikamenten zu versorgen. Die anderen beiden Autos blieben in Freetown für Arbeiten unserer Hilfsorganisation.

Nach getaner Arbeit flogen wir wieder mit einem UN-Helikopter, der die Verbindung zwischen Freetown und Conakry herstellte, zurück nach Conakry. Von dort kehrten wir erleichtert und zufrieden in die Schweiz zurück.

Mit einer Fotojournalistin erneut nach Freetown

Eine Bekannte brachte eine deutsche Fotojournalistin im Frühjahr 2000 mit uns in Verbindung. Ursula Meissner erkundigte sich bei uns, wie man nach Sierra Leone reisen konnte, da man zu dieser Zeit keine Einreisegenehmigung bekam. Wir besorgten ihr über unsere Hilfsorganisation SSLDF ein Visum. So konnte sie mit Hanni und mir gemeinsam nach Sierra Leone fliegen.

Es wurde ein ereignisreicher Aufenthalt. Ursula wollte natürlich alles über das Bürgerkriegsgeschehen, unsere Hilfsaktionen und die Schwierigkeiten dabei erfahren und darüber berichten. Sie beabsichtigte auch, ins Innere des Landes zu fahren, was unter den gegebenen Umständen fast aussichtslos war, denn die Rebellen hatten Freetown noch immer von der Umwelt abgeschnitten.

Durch Dr. Abd Sesay, der Kontakt mit dem Lepradorf hatte, erreichten uns schlechte Nachrichten aus Masanga und die Bitte um dringende Hilfe. Aber welche Möglichkeiten hatten wir?

Zwischen Freetown und Makeni befanden sich zahlreiche Checkpoints. Die ersten Kontrollstellen hatten UN-Truppen besetzt, weitere sicherten westafrikanische Truppen der ECOMOC (Economic Community of West African States Monitoring Group). Den Norden des Landes beherrschte immer noch die Rebellenorganisation.

Gibt es einen Weg nach Masanga?

Nachdem wir einige Informationen gesammelt hatten, mussten wir feststellen: Eine Fahrt nach Masanga war zu diesem Zeitpunkt undenkbar. Wenn wir aber dennoch diese Reise unternehmen würden, dann unter Lebensgefahr, denn kein Fahrzeug konnte die vielen Kontrollpunkte unterwegs unbemerkt passieren.

Zu der Zeit befanden sich gerade einige Leute in Freetown, die aus Masanga geflohen waren. Sie baten und bedrängten uns, unbedingt Hilfsgüter nach Masanga zu bringen. Dafür standen uns unsere beiden Jeeps und ein Zwölf-Tonnen-Lastwagen zur Verfügung. In unserem Lager befanden sich außerdem von der letzten Containerlieferung noch genügend Säcke mit gebrauchter Kleidung und vielen Medikamenten. Uns fehlte lediglich das Hauptnahrungsmittel: Reis. Mit dem uns zur Verfügung stehenden Geld konnten wir 300 Sack Reis (je 50 kg) kaufen (das war im Land billiger). Die Voraussetzung war, dass wir eine Genehmigung von der UNO und der ECOMOC für dieses Unternehmen bekommen würden. Aber wer wollte eine so gefahrvolle Reise wagen?

Die erste mutige Person, die sich für das Unternehmen meldete, war Ursula. Abd, der sich auch gerade in Freetown aufhielt, schloss sich sofort an, ebenfalls zwei Angestellte unseres Büros, dazu der Lastwagenfahrer und sein Beifahrer, zwei Leute aus Masanga sowie Hanni und ich. So waren wir eine Gruppe von zehn Personen. Wir wollten uns natürlich nicht in Gefahr bringen. Jeder riet uns ab, das Unternehmen durchzuführen. Wir legten aber unseren Transport – wie gewohnt – in Gottes Hände und baten ihn um Hilfe für die künftigen Entscheidungen.

Wir begannen mit den Anfragen nach Sondergenehmigungen in den Büros der UNO und ECOMOC. Weitaus schwieriger schien uns die Durchfahrt durch die Rebellenzone zu sein. Sie blieb in unseren Augen ein ungelöstes Problem. Darüber hinaus war uns bekannt, dass die Rebellen alle Hilfsgüter, die sich auf unserem Lastwagen befanden, genauso nötig brauchten wie die Menschen in Masanga.

Doch Gott zeigte uns einen besonderen Weg.

Kontakt zum Rebellenführer Foday Sankoh

Ein Regierungsangestellter namens Benson, der unsere Organisation SSLDF gut kannte, meinte, dass wir mit dem Rebellenführer Foday Sankoh Kontakt aufnehmen müssten. Er organisierte ein Treffen für mich und ihn mit Foday Sankoh, der sich mein Anliegen anhörte. Ich bat ihn auch um ein von ihm verfasstes Schreiben an seine Truppen, um auf dem Weg nach Masanga alle Rebellen-Checkpoints frei passieren zu können.

Foday Sankoh kannte Masanga sehr gut, da er aus der nördlichen Region stammte. Seine Antwort auf meine lautete, dass ein Brief völlig nutzlos wäre, da die meisten seiner Leute nicht lesen könnten. Er versprach uns, stattdessen die entsprechenden Checkpoints per Sprechfunk von unserer Durchreise nach Makeni und Masanga zu informieren, sodass wir die Fahrt unternehmen könnten.

Erst nach der positiven Antwort des Rebellenführers erhielten wir auch die Genehmigungen von der UNO und der ECOMOC. Mit den Papieren in der Hand und dem Versprechen des Rebellenführers im Kopf stellten wir unseren Konvoi zusammen, kauften den Reis und beluden den Lastwagen. Als alles verpackt war, machten wir uns auf den Weg, begleitet von vielen Gebeten, speziell von den Leuten aus Masanga, vielen Adventisten, aber auch vielen Anderen.

Mit einem Konvoi durchs Rebellengebiet

Vorne fuhr der Geländewagen mit Dr. Abd Sesay und seinen afrikanischen Mitarbeitern, in der Mitte der Lastwagen und hinten der zweite Jeep mit Ursula, Hanni und mir. Ursulas Fotoausrüstung hatten wir gut versteckt, denn sie reiste nicht als Journalistin. Wir gaben sie wie Hanni als Krankenschwester aus.

Unmittelbar außerhalb Freetowns begannen die UN-Checkpoints. Mit unseren Passierbewilligungen hatten wir keinerlei Probleme, auch nicht an den nachfolgenden ECOMOC-Checkpoints. Die Soldaten waren nur erstaunt, dass wir versuchten, durch das Rebellengebiet zu fahren.

Je mehr wir uns dem ersten Checkpoint der Rebellen näherten, umso bedrückter wurde unsere Stimmung, denn wir wussten nicht, ob Foday Sankoh wie versprochen die Nachricht seinen Leuten durchgegeben hatte. Ohne seinen Befehl wäre nämlich unsere Lage hoffnungslos geworden.

Während dieser Zeit war es ganz still in unserem Jeep. Jeder betete intensiv um Beistand. Ich gab den Frauen die Anweisung, nicht aus dem Auto auszusteigen, was immer die Rebellen auch verlangen würden.

Schließlich erreichten wir den ersten Rebellen-Checkpoint. Ich sah, wie Abd aus dem Auto heraus mit den Rebellen verhandelte, bis er schließlich ausstieg und mit einigen mitging. Dann kamen andere Rebellen zu unseren Autos und begutachteten sie. Zwei von ihnen näherten sich mit erhobenen Maschinengewehren meinem Fahrzeug, in dem die beiden Frauen saßen. Einer von ihnen kam auf meine Fahrerseite. Als sie ins Auto schauten und Ursula sahen, verlangten sie ihren sofortigen Ausstieg. Ich sagte auf Deutsch: „Keiner verlässt das Auto!"

In den Augen der Rebellen erkannte man deutlich, dass sie unter Drogen und Alkohol standen. Ihre Forderung auszusteigen wurde immer heftiger. Dann hörte ich einen der Rebellen sagen: „Das ist ein Konvoi mit einer speziellen Mission."

Ich hielt sehnsüchtig Ausschau nach Abd, denn lange konnte ich die Situation nicht mehr unter Kontrolle halten. Die Belastung stieg an. Wir hatten den Eindruck, dass wir diesen Rebellen völlig ausgeliefert wären, wenn er nicht bald käme.

Es dauerte sicherlich keine lange Zeit, aber sie erschien mir wie eine Ewigkeit. Endlich sahen wir Abd wie einen Retter kommen. Auch er bemerkte bereits von weitem, in welcher Situation wir uns befanden und rief uns zu: „Alle Checkpoints werden über Sprechfunk von Foday Sankoh informiert. Wir haben jetzt freie Durchfahrt."

Seine Botschaft klang wie eine Erlösung in unseren Ohren. Die beiden Rebellen neben meinem Jeep hörten erst auf, uns zu bedrohen, als ihr Chef neben ihnen stand und uns freundlich begrüßte. Sie fragten nach Zigaretten, die wir aber nicht hatten. Dafür hatten wir Medikamente, von denen wir ihnen ein paar Schmerztabletten gaben. Sie fragten natürlich auch nach Geld; wir gaben ihnen Leone – Pfennigbeträge, mit denen sie zufrieden waren.

Am Rebellenhauptsitz in Makeni

Wir baten den Anführer, auch die nächsten Checkpoints bis nach Makeni zu informieren, was er jedoch bereits getan hatte. So erreichten wir unversehrt am Abend Makeni und fuhren zur katholischen Mission, denn wir wussten nicht, wo wir sonst hätten schlafen sollen. Makeni, eine Stadt von eigentlich 120 000 Einwohnern, war bis auf ungefähr 5000 übrige ausgestorben.

In der katholischen Mission befand sich nur noch ein Pater, der sich riesig freute, als er uns sah. Der Geistliche sagte uns, dass sie unter normalen Verhältnissen Besucher beköstigten und beherbergten, aber in dieser Zeit wäre er glücklich, wenn wir ihm ein bisschen Reis zum Überleben gäben.

Matratzen und Betten waren nicht mehr vorhanden, denn die Rebellen hatten alles mitgenommen. So kochten wir aus unseren Vorräten erst einmal für uns alle und schliefen dann in einem Raum auf dem Boden – glücklich und dankbar, dass wir bis Makeni gekommen waren.

Die Nacht war unruhig, und deshalb standen wir schon früh am Morgen auf, um alles zur Weiterfahrt vorzubereiten. Wir hatten noch etwa 60 Kilometer bis Masanga vor uns. Gegen acht Uhr verließen wir die katholische Mission, ließen dem Pater einen Sack Reis und einige Medikamente zurück und bedankten uns bei ihm.

Aufgrund der Zustände in Makeni konnten wir erahnen, was uns in Masanga erwartete. Zum Glück kannte Abd einige Leute in Makeni, bei denen er noch zusätzliche Medikamente kaufen konnte.

Vor uns lag die letzte Etappe von 40 Kilometern mit etwa sechs Checkpoints. (Insgesamt waren es 16, die wir absolvieren mussten.) Wir baten Gott um Schutz und Beistand und waren überzeugt, dass wir mit seiner Hilfe auch die letzte Hürde nehmen und sicher nach Masanga gelangen würden.

Zu unserer Erleichterung stellten wir auf der Weiterfahrt fest, dass auch die Checkpoints zwischen Makeni und Masanga über unsere Mission unterrichtet worden waren.

Hilfeleistungen in Masanga

Endlich erreichten wir Masanga. Unser Erscheinen löste Jubel unter der verbliebenen Bevölkerung aus. Nach stürmischen Begrüßungen von allen Seiten führte man uns durchs Dorf, in dem zu unserem Erstaunen doch noch etwa 2000 Einwohner geblieben waren. Überwiegend fanden wir kranke, abgemagerte und hoffnungslose Menschen vor. Da gab es viel zu tun.

Besprechung mit dem Townchief und Dorfautoritäten

Wir organisierten für den nächsten Tag im Dorfzentrum eine Art Poliklinik, in der Dr. Abd Sesay und ich eine Woche lang unsere Sprechstunden und Behandlungen durchführen wollten. Am nächsten Morgen richteten wir mit all den mitgebrachten Medikamenten eine Apotheke ein.

Abd begann in einem Nebenraum seine Konsultationen. Hunderte von Menschen standen jeden Tag vor dem Dorfzentrum, bis jeder an der Reihe war. Hanni half beim desinfizieren und Verbinden. Unser eigener Vorrat an Medikamenten war schnell aufgebraucht, und daher war ich froh, dass Abd in Makeni zusätzliche eingekauft hatte. Es waren lange und anstrengende Tage, bis die letzten Medikamente ausgegeben waren.

Andere beschäftigten sich mit der Organisation der Reis- und Kleiderverteilung. Das war ein sehr großes Problem, denn jeder meinte, dass er nichts abbekommen würde. Alle Familien mussten deshalb zuerst registriert und dann namentlich aufgerufen werden, damit jede die gleiche Ration Reis bekam.

Reisverteilung in Masanga

Ursula besuchte währenddessen das ganze Dorf, sprach per Dolmetscher mit vielen Einwohnern und hielt alles auf Fotos fest.

Am letzten Tag gingen wir zum Leprahospital von Masanga. Niemand konnte die Tränen zurückhalten, als wir das Ausmaß der Verwüstung sahen. Warum hatten die Rebellen dieses Hospital, das zur medizinischen Versorgung der Bevölkerung so dringend gebraucht wurde, sinnlos verwüstet?

Dankesbekundung einer Einwohnerin von Masanga

Zumindest die größte Not konnten wir in dieser Woche lindern. Dennoch fiel uns der Abschied schwer, denn wir mussten die Einheimischen wieder sich selbst überlassen. Wir fragten uns, wie lange der Bürgerkrieg und das Elend noch andauern würden.

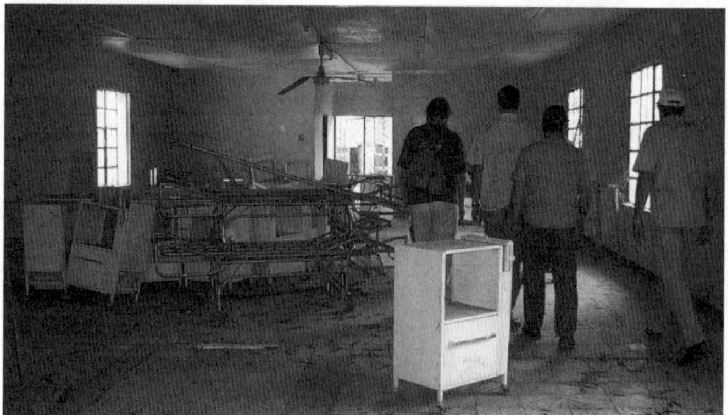

Besichtigung des verwüsteten Leprahospitals

Leprakranke in Masanga bringen ihren Dank zum Ausdruck

Mit Hanni und Ursula (re.) auf der Rückreise von Masanga

Unsere Rückreise nach Freetown verlief reibungslos. An den Checkpoints empfing man uns viel freundlicher. So erreichten wir ohne Zwischenfälle Freetown. Im Büro der SSLDF empfing man uns mit

Jubelgeschrei, denn viele hatten nicht mehr mit unserer Rückkehr gerechnet. Wir selbst waren von Dankbarkeit erfüllt, dass wir mit Gottes Hilfe diese Mission erfolgreich durchführen konnten.[4]

Am letzten Tag vor unserer Abreise ging es Hanni plötzlich sehr schlecht. Daher war der Rückflug für sie sehr anstrengend. Als wir in Genf ankamen, wurde sie sofort ins Kantonhospital in Lausanne eingeliefert. Drei Wochen lang wurden medizinische Tests gemacht, aber man fand nie heraus, woran sie erkrankt war. Zu unserem großen Bedauern war es die letzte Reise für Hanni. Dennoch war unsere Reise ein Segen für Tausende von Menschen.

Während der letzten Bürgerkriegsjahre hatte Dr. Abd Sesay eine schwere Zeit. Die Rebellen verpflichteten ihn, ihre verwundeten Leute zu behandeln. Als sie ihn wieder freiließen, bekam er Probleme mit der anderen Seite, die ihn beschuldigte, mit den Rebellen zusammengearbeitet zu haben. Deshalb verließ er im Juni 2000 Makeni und ging wie viele Tausende von Flüchtlingen nach Lungi.

Dort begegnete er Dr. Abdul B. Kamara. Ihm gehörte das Bai Bureh Memorial Hospital (BBMH). Er hatte es am Beginn der 1970er-Jahre erbaut. Aus Altersgründen war er auf der Suche nach einem Nachfolger, als Abd ihm begegnete. Er engagierte ihn für einen Monat Probezeit. Daraus wurde für Abd eine feste Anstellung von vier Jahren. So überstand er die Zeit des Bürgerkrieges.

[4] Ursula Meissner schrieb über ihren Aufenthalt in Sierra Leone das Buch *Mit Kamera und kugelsicherer Weste,* erschienen im Eichborn-Verlag.

Kapitel 9

Der Beginn des Hospitalbaus

Ende 2000 und Anfang 2001 erreichten uns viele Nachrichten über Fernsehen, Radio und Zeitung, dass der Rebellenführer Foday Sankoh bereit war, an Verhandlungen über einen Friedensschluss teilzunehmen. Die Beteiligten trafen sich dafür in Ghana und in der Elfenbeinküste. Aber Foday Sankoh stellte Bedingungen: Er wollte den Bürgerkrieg nur einstellen, wenn er in die Regierung aufgenommen würde und somit auch Präsident werden könnte. Aber er wurde schließlich festgenommen und kam ins Gefängnis.

Die Rebellen waren jedoch noch im ganzen Land verstreut und nicht bereit, ihre Waffen abzugeben. Daher fasste die Regierung den Beschluss, jedem Rebellen 300 Dollar zu zahlen, der seine Waffe abgab. Außerdem sollten sie frei ausgehen. Einige Rebellen gaben ihre Waffen ab und waren frei; andere zögerten lange. Die Regierung musste die Summe auf 500 Dollar erhöhen, bis nach und nach alle Rebellen ihre Waffen abgaben. Erst dann konnte die neue Regierung die Kontrolle über das ganze Land übernehmen, sodass Anfang 2002 der Bürgerkrieg wirklich beendet war.

Das Volk, das während der zehn Jahre gelitten hatte, konnte den langersehnten Frieden nicht fassen. Für die Menschen war es wie ein Wunder, sich wieder frei im Land bewegen zu können.

Nun traten andere Probleme auf. Viele Einwohner hatten während des Bürgerkrieges ihre Heimatdörfer und Städte verlassen müssen. Die meisten waren nach Freetown geflüchtet.

Als ich im Jahr 1988 das erste Mal nach Freetown gekommen war, gab es dort knapp 400 000 Einwohner, 2002 waren es aber mehr als eineinhalb Millionen. Bei Bürgerkriegsende kamen viele Flüchtlinge wieder zurück nach Sierra Leone; viele blieben jedoch auch in Guinea, weil sie sich dort in kleinen Dörfern ansiedeln konnten.

Nun begann die Suche nach den Familienangehörigen. Viele konnten ihre Angehörigen nicht finden, weil sie nicht mehr lebten. Dieser zehnjährige Bürgerkrieg forderte mehr als 50 000 Tote und hinterließ viele behinderte und verstümmelte Menschen. Man sprach von über 10 000 Menschen, denen die Rebellen eine Hand, einen Arm oder auch beide Arme mit Buschmessern abgeschlagen hatten. Über 5000 Menschen sollen dabei verblutet sein, aber 5000 Überlebende leben auch heute noch verstümmelt.

Es war eine trostlose Zeit. Die Flüchtlingslager mussten aufgelöst werden, und die gesamte Infrastruktur benötigte einen Neuanfang. Die Tausenden von Kindersoldaten mussten psychologisch betreut werden, da sie sich mangels Drogen in der Realität nicht mehr zurechtfanden.

Erneut in Sierra Leone

Ich flog im Februar 2002 wieder nach Sierra Leone und hatte während meines Aufenthaltes so viel zu tun, dass ich es nicht mehr bewältigen konnte. Hunderte Menschen kamen aus allen umliegenden Orten zu mir nach Freetown in das SSLDF-Büro. Jeder bat um Hilfe in irgendeiner Form. Ich stellte aber die medizinische Hilfe immer an die erste Stelle, da so viele Menschen starben, die man hätte retten können.

Dr. Abd Sesay, der nun bereits seit zwei Jahren im Bai Bureh Memorial Hospital in Lungi arbeitete, erzählte seinem Chef Dr. Kamara von unserer Hilfsorganisation und unserem geplanten Hospitalbau in Magbenteh bei Makeni. Als der von unserer humanitären Arbeit und christlichen Einstellung hörte, wollte er mich kennenlernen.

Das Ergebnis unserer Gespräche war, dass Dr. Kamara sein Hospital unserer Organisation SSLDF für die nächsten 20 Jahre verpachten wollte. Nach längeren Verhandlungen unter Einbeziehung eines Rechtsanwaltes unterschrieben Abd und ich den Vertrag für 20 Jahre.

Nun war es wirklich an der Zeit, möglichst schnell das neue Krankenhaus in Magbenteh zu bauen. Deshalb konzentrierten sich unsere Gruppe in der Schweiz und die Mitarbeiter unseres SSLDF-Büros in Freetown speziell auf dieses Projekt. Vor uns lag sehr viel Arbeit.

Zunächst musste ein genauer Finanzplan ausgearbeitet und eine Baufirma ausgewählt werden. Die Preise mussten ermittelt werden, um Verträge abschließen zu können. Wir mussten auch die politische Lage beobachten und abwarten, wie sich alles stabilisieren und entwickeln würde.

Ich gab unsere Projektpläne mehreren Baufirmen mit der Bitte um Kostenvoranschläge. Nachdem ich sie erhalten hatte, suchte ich eine Firma aus: Lomah Construction. Sie war mir besonders empfohlen worden und ich hielt ihr Preisangebot für am günstigsten. Ich besichtigte unter anderem eine Polizeistation, die diese Firma gebaut hatte, und war mit der Qualität zufrieden.

Als ich den Verantwortlichen der Firma die finanzielle Situation erklärte, dass SSLDF 100 000 Dollar für die Konstruktion zur Verfügung hatte, aber die weiteren 100 000 Dollar für die Fertigstellung noch fehlten, waren sie bereit, in zwei Bauabschnitten voranzugehen. Deshalb konnte ich einen Vertrag mit der Firma Lomah Construction in Freetown unterschreiben.

Der Baubeginn wurde auf den 1. Dezember 2002 festgelegt. Der gesamte Komplex sollte in neun Monaten fertiggestellt sein. Diesen Vorschlag lehnte ich jedoch ab, denn diese Bauzeit war wirklich zu kurz angesetzt. Und außerdem mussten wir uns ja in der Schweiz um Sponsoren für die zweite Bauphase bemühen. Mir war daran gelegen, ein Krankenhaus bauen zu lassen, das mindestens die nächsten 50 Jahre bestehen würde.

Fünf Monate Urlaub für die Bauaufsicht

Von meinem Arbeitsplatz in der Schweiz konnte ich höchstens einen Monat lang wegbleiben. Urlaube mit der Familie waren schon seit Jahren aus Zeitmangel nicht mehr möglich. Aber Gott hatte auch hier einen Weg!

Valentin, unser Hauptsponsor, fragte mich eines Tages: „Harald, wäre es möglich, dass die Klinik La Lignière Ihnen einige Monate unbezahlten Urlaub geben würde?" Wenn ja, war er bereit, meinen Lohn vier Monate lang zu zahlen, sodass ich während dieser Zeit in Sierra Leone sein könnte, um die Arbeiten dort zu überwachen.

Nach Anfragen an die Direktion der Klinik war sie bereit, mir vier Monate unbezahlten Urlaub zu geben plus einen Monat meines Jahresurlaubs, falls ich alles so organisieren würde, dass die Physiotherapieabteilung hundertprozentig und ohne Schwierigkeiten weiterarbeiten würde. Ich beriet mich mit Helene, meiner ersten Physiotherapeutin, ob sie bereit wäre, mich fünf Monate lang zu vertreten. Nach vielen Einwendungen und Überlegungen akzeptierte sie schließlich diese Verantwortung.

So konnte ich einen mehrmonatigen Aufenthalt in Sierra Leone planen. Im November 2002 flog ich wieder dorthin, um die Bauarbeiten für das Hospital mit der Baufirma vorzubereiten.

Die Vorbereitung des Geländes

Als ich am 1. Dezember gegen 7.30 Uhr auf dem Gelände in Magbenteh ankam, konnte ich nicht glauben, was ich sah: Ein riesiger Bulldozer war dabei, das gesamte Gelände vom Busch zu befreien und zu planieren. Der Fahrer des Bulldozers war ein weißer Amerikaner, der betrunken auf seiner Maschine saß und ohne Rücksicht auf Verluste alles abholzte, was in seinem Wege stand. Auf diese Weise fielen ihm auch unsere schönen sieben Palmen zum Opfer.

Ich stellte den Mann zur Rede. Er erklärte mir, dass er von der Baufirma den Auftrag bekommen hätte, alles zu planieren. Niemand hätte ihm gesagt, dass die sieben Palmen stehenbleiben sollten. Es fiel mir sehr schwer, seine Worte zu akzeptieren. Diese Palmen sollten doch das Wahrzeichen unseres Hospitals sein!

Nachdem das gesamte Gelände planiert und gesäubert war, kamen Mitarbeiter der Baufirma, um die Grundrisse für die einzelnen Gebäude abzustecken. An der Hauptstraße, die von Makeni nach Freetown führte, war ein großes Eingangstor geplant. Von dort sollte der Hauptweg zum Verwaltungsgebäude und zur Poliklinik führen. Er verlief entlang der rechten Grundstücksgrenze.

Die Bauarbeiter legten bald die Grundsteine für acht Krankenhausgebäude. Abd und ich konzentrierten uns besonders auf die Fertigstellung des Verwaltungsgebäudes mit der Poliklinik.

Die Grundsteinlegung des Verwaltungsgebäudes mit der Poliklinik

Valentin war immer wieder interessiert und begeistert, von dem Fortschritt des Hospitalbaus zu hören. Karin und ich bedankten uns bei ihm – auch im Namen der Afrikaner –, und er bedankte sich oft bei uns für die Arbeit, die wir dort leisteten. Viele Male luden wir ihn nach Sierra Leone ein, was er aber leider vor allem aus altersbedingten Gründen (er war inzwischen 80 Jahre alt) nicht annehmen konnte. Aber sein Herz schlägt bis heute für unser Projekt.

Zwei Besucher aus der Schweiz

Anfang 2003 wurde es dringend nötig, in der Schweiz einen Verein zu gründen, um SSLDF offiziell unterstützen zu können. Wir entschieden uns für den Vereinsnamen „Association d'aide à la SSLDF" (Hilfsorganisation für SSLDF) und bildeten einen Vorstand, der aus mir, Karin, unserer Tochter Kerstin, Nelly Pasche, Hanni Gessler und Valentin bestand.

Im Februar kamen Nelly, die als Kassenwartin des Vereins fungierte, und ihr Freund Christian Etienne nach Sierra Leone zu Besuch. Sie wollten sich ein Bild von dem Projekt machen, um unserem Sponsor und allen Anderen, die uns bisher unterstützt hatten, einen Bericht zu geben. Sie waren beide begeistert von dem, was sie sahen. Die Mauern des Verwaltungsgebäudes waren inzwischen bis fast zum Dach hochgezogen. Beide waren sehr an allem interessiert, weil es ihr erster Aufenthalt in Afrika war.

Nach zwei Wochen flogen sie mit vielen guten Erlebnissen nach Hause, um davon Bericht zu geben (siehe die folgenden Seiten).

Meine Zeit in Sierra Leone ging schnell vorbei. Schweren Herzens musste ich im März abreisen und die Verantwortung der Baufirma überlassen. Während meines fünfmonatigen Aufenthaltes machten wir große Fortschritte mit den Bauten, mussten dann aber aus finanziellen Gründen immer wieder lange Pausen einlegen.

Reisebericht Sierra Leone 13.–25. Februar 2003

Unsere Reise war sehr aufschlussreich. Wir haben ein Afrika entdeckt, von dem wir nichts wussten. Der Zweck unseres Aufenthaltes jedoch war, uns zu informieren über das Hospitalbauprojekt der „Swiss Sierra Leone Development Foundation" in Makeni, das sich etwa 200 Kilometer nordöstlich der Hauptstadt Freetown befindet und etwa 125 000 Einwohner hat.

Die große Motivation der Leute, die sich mit dem Projekt beschäftigen, besonders aber das große Engagement und die Kompetenz des Gründers dieses großen Werkes, Harald Pfeiffer, haben uns sehr beeindruckt.

Trotz eines Baustopps während drei Wochen wegen ernsthafter Probleme beim Herstellen der roten Backsteine scheint die Arbeit gut voranzukommen. Harald hofft, dass das Erstellen der Mauern bis zu seiner Rückkehr in die Schweiz im März beendet werden kann und das Hospital bis zum Jahresende fertiggestellt ist, um in Gegenwart von Regierungsvertretern Sierra Leones eingeweiht zu werden. Ihre Teilnahme an der Einweihung ist für die Zukunft des Hospitals sehr wichtig.

Eine natürliche Wasserquelle, die wie ein Wunder nach dem Kauf des Geländes entdeckt wurde, konnte sogar die ersten Bedürfnisse für den Bau des Hospitals decken.

Abgesehen von dem großen Engagement und der Motivation Haralds durch seinen tiefen Glauben an die Verwirklichung dieses Hospitals, das ihm sehr am Herzen liegt, hat uns sein freundliches Verhalten gegenüber den Einheimischen (er hat immer ein offenes Ohr für sie) sehr beeindruckt. Er ist sich ihrer medizinischen und materiellen Nöte sehr bewusst. Wir sind vielen Leuten begegnet, die von seiner Hilfe – sei es medizinisch, finanziell oder für ihre Schulausbildung – profitiert haben.

Trotz seiner Fähigkeiten und Sensibilität, diesen armen Leuten zuzuhören, ist Harald sehr wachsam und weise. Uns ist bewusst geworden, dass er in den vielen Jahren (seit 1988) viel Erfahrung in Afrika gewonnen hat. Er verwaltet die Mittel, die man ihm anvertraut, sehr weise und korrekt.

Wir haben die Leprastation inmitten des afrikanischen Busches besucht (40 Kilometer von Makeni entfernt, auf holperigen, miserablen Straßen!), wo Harald 1988 als Physiotherapeut seine ersten Erfahrungen mit Einheimischen gemacht hat. Diese Leprastation wurde durch die Rebellen während des Bürgerkrieges total zerstört und unbrauchbar gemacht.

Kaum waren wir aus den Autos gestiegen, als Scharen von Frauen mit kranken Kindern auf den Armen, Männer und viele, viele Kinder auf Harald Pfeiffer und den Arzt Dr. Abd Sesay zukamen und die beiden voller Freude, Hoffnung und Erwartung begrüßten. Alle richteten ihre großen Augen auf die beiden und erwarteten medizinische Hilfe. Einige Kranke wurden dann in die Autos geladen, um in Abds Klinik in Makeni dringende Hilfe zu bekommen. Für ein Baby kam leider jede Hilfe zu spät; es starb in den Armen des Arztes, was uns alle sehr traurig stimmte.

Wir sind überzeugt, dass das neue Hospital in dieser Region ein großes Bedürfnis ist, und sind sicher, dass das Geld, das darin investiert wird, ein Segen für das ganze Land sein wird.

Für uns war es eine wunderbare Erfahrung und wir werden fortfahren, Haralds großes Werk zu unterstützen. Wir danken für den warmherzigen Empfang und wünschen ihm und seinem ganzen Team Mut, Kraft und Ausdauer.

Gland, den 28. Februar 2003

Nelly Pasche und Christian Etienne

Hilfe für Leute mit Kinderlähmung

Als ich 1988 zum ersten Mal in Masanga war, um den operierten Leprapatienten zu helfen, ihre Hände wieder zu gebrauchen, hatte ich in der Physiotherapieabteilung auch viele Patienten mit Kinderlähmung (Poliomyelitis, kurz Polio) behandelt. Ich brachte ihnen bei, wie sie nach der Operation ihrer Beine mithilfe von Stützgeräten gehen konnten.

Während des Bürgerkrieges flüchteten viele von ihnen nach Freetown. Dort begegnete ich ihnen wieder und stellte fest, dass sie alle völlig mittellos waren. Niemand nahm sich dieser Kranken an. Vom Staat gab es keine Hilfe und sie vegetierten ohne Unterkunft, Nahrung und medizinische Hilfe. Mit unserer Hilfsorganisation versuchten wir, ihnen mit den Mitteln, die uns zur Verfügung standen, zu helfen.

Es gab etwa 3000 Poliokranke in Sierra Leone. Später gründeten sie einen Verein als Opfergemeinschaft (Polio Victims Association). Wir blieben immer in Kontakt. Als der Bürgerkrieg vorüber war, kam eine Abordnung dieses Vereins zu mir, um mir mitzuteilen, dass viele von ihnen nun nach Makeni zurückkehren wollten (was sie auch taten), aber dafür die Unterstützung unserer Organisation brauchten. Wir gewährten sie gern.

Im Jahr 2002 traf ich sie dann in Makeni wieder. Sie fragten, ob ich ihnen behilflich sein könnte, Land für sie zu kaufen, denn ihr Traum war, ein Dorf nur für sich zu bauen, wo sie in Gemeinschaft ihresgleichen wohnen konnten. In Makeni und Umgebung lebten 250 Poliokranke, die sich dem Verein angeschlossen hatten. Da SSLDF zu dieser Zeit bereits Gelände für unser Hospital gekauft hatte, fragten wir einige Landbesitzer nach einem Grundstück für dieses neue Projekt. In der Nähe des Hospitalgeländes kauften wir einen weiteren Hektar Land, das wir dem Verein als Geschenk von SSLDF übergaben.

Ihre Leiter luden mich im Frühjahr 2003 in ihr Büro in Makeni ein, um mir ihren gesamten Plan zu unterbreiten. Matthew, der Vorsitzende des Vereins, den ich schon viele Jahre kannte, erklärte mir, wie sie das Land nutzen wollten: ein großes Wohnhaus für

100 Poliokranke, eine große Küche, einen Palawa Hut (ein afrikanischer Versammlungsrundbau) und ein anderes großes Gebäude mit acht verschiedenen Werkstätten (u. a. eine Schneiderei, eine Schuhmacherei und eine Schreinerei), in denen sie verschiedene Artikel anfertigen könnten, um sie dann auf dem Markt zu verkaufen, darunter Holzschnitzereien, Batikarbeiten (Gara genannt) und verschiedene Seifen. Der Erlös der verkauften Artikel sollte zum Unterhalt des Dorfes dienen.

Ich hörte mir das alles an und war begeistert von diesen Ideen. Aber da wir nicht einmal genügend Mittel besaßen, um unser Hospital zu bauen – geschweige denn, dieses Dorf – sagte ich ihnen, dass ich darüber nachdenken würde, um einen Weg zu finden, wie wir ihnen helfen könnten. Ihre Aufgabe wäre es, täglich dafür zu beten.

Ein Arzt für das neue Hospital

Seit geraumer Zeit bemühten wir uns, einen Arzt für das neue Hospital zu finden. Wir hofften auf meinen Schwager Dr. Dieter Schwarz, Facharzt für Chirurgie aus Potsdam, der sich sehr für das Hospitalprojekt in Magbenteh interessierte und uns auch Ratschläge für den Operationsblock gab. Leider konnte er aus gesundheitlichen Gründen die Aufgabe nicht übernehmen, was wir sehr bedauerten.

Gott zeigte uns aber immer wieder Wege und öffnete Türen. Hanni war im Frühjahr 2002 zu einem Klassentreffen in Zürich eingeladen. In ihrem Alter waren es nur noch wenige, die sich trafen, aber ihre ehemalige Klassenkameradin Frau Furrer erzählte von ihrem Sohn Matthias, der Arzt war und schon oft in verschiedenen Ländern Afrikas gearbeitet hatte. Das war natürlich Musik in Hannis Ohren. Adressen und Telefonnummern wurden ausgetauscht und es begann ein emsiges Schreiben und Telefonieren zwischen Dr. Furrer und mir. Er wohnte mit seiner Familie in Graubünden nahe der italienischen Grenze in dem kleinen Ort St. Maria.

Als er im Sommer nach Basel fahren musste, trafen wir uns auf halbem Weg auf einer Autobahnraststätte. Wir saßen etwa fünf

Stunden zusammen und redeten in Ruhe über alles. Auf der Heimfahrt hatte ich das gute Gefühl, dass er wirklich daran interessiert war, nach Sierra Leone zu kommen, um uns zu helfen, das Hospital einzurichten und zu eröffnen.

Dr. Matthias Furrer hat eine große Familie. Seine Frau Kathrin ist ebenfalls Ärztin; von ihren sechs Kindern studierten bereits drei. Nach mehreren Treffen war es dann entschieden, dass sie mit den drei jüngeren Kindern für ein Jahr nach Sierra Leone kommen würden, um das neuerbaute Hospital medizinisch zu betreuen. Er wollte sich aber selbst ein Bild über die Situation des Landes und die Schulmöglichkeiten für seine Kinder machen. Deshalb kam er im November 2002 für ein paar Tage nach Sierra Leone. Er war uns in der Zeit mit seiner Afrikaerfahrung auch bei der Platzierung der verschiedenen Gebäude auf dem Gelände behilflich.

Nach seiner Rückkehr begannen die Furrers, einen Container mit ihren Möbeln, Haushaltsgeräten, medizinischem Material, Werkzeugen und ihrem Mitsubishi-Minibus zu füllen. Im August 2003 kamen sie in Sierra Leone an. Leider musste ich unsere Pläne umstellen, da das Hospital in Magbenteh doch noch nicht fertig war – zur großen Enttäuschung Dr. Furrers. So arbeitete er zunächst in unserem gepachteten Hospital in Lungi (dem Bai Bureh Memorial Hospital) mit Dr. Abd und dessen Bruder Dr. Hassan Sesay zusammen. Dr. Furrer hoffte auf ein schnelles Vorankommen der Bauarbeiten in Magbenteh.

Dr. Furrer mit zwei Schweizer Ingenieuren für die Röntgeninstallation

Hassan hatte mich vor langer Zeit um finanzielle Unterstützung für sein Medizinstudium in Malawi gebeten, wo schon sein Bruder studiert hatte. Ich hatte aber keine Möglichkeit gesehen, ihm zu helfen, da die Kosten für das Studium und den Lebensunterhalt zu hoch waren.

Eines Tages sprachen Karin und ich mit unserem Sponsor Valentin darüber. Der erklärte sich spontan bereit, die Hälfte der gesamten Kosten zu übernehmen.

Da wir eine Gelegenheit sahen, Hassan später in unserem Hospital anzustellen, übernahm SSLDF die andere Hälfte der Kosten. So konnte er sein Medizinstudium in Malawi absolvieren.

Er war gerade damit fertig und kam nach Sierra Leone zurück, als auch Dr. Furrer ankam. So konnte er mit ihm zusammenarbeiten. Abd ging daraufhin nach Makeni zurück, um mitzuhelfen, damit zumindest die Poliklinik in Magbenteh möglichst schnell eröffnet werden konnte.

Für die Kinder der Furrers musste eine geeignete Schule gefunden werden. Die internationalen Schulen befanden sich alle in Freetown. Zwischen Freetown und Lungi, wo sich das Hospital befindet, liegt (wie bereits mehrfach erwähnt) eine Meerenge. Dauer der Überfahrt mit einer Fähre: 45 Minuten.

Die Familie mietete eine Wohnung in Freetown in der Nähe der Schule ihrer Kinder. Dafür musste aber Dr. Furrer nun täglich nach Lungi zum Hospital fahren, wodurch er jeden Tag drei bis vier Stunden verlor.

Auf die Dauer war das für ihn sehr anstrengend und ermüdend. Da das Bauprojekt in Magbenteh leider viel langsamer voranging, als wir geplant hatten, und nicht in absehbarer Zeit fertig werden würde, entschieden sich die Furrers nach siebenmonatigem Aufenthalt, wieder die Heimreise anzutreten.

Sie fuhren mit ihrem Minibus auf dem Landweg nach Senegal, verschifften das Auto in Dakar und nahmen ein Flugzeug, um zurück in die Schweiz zu fliegen.

Leider hat Dr. Furrer das Hospital in Magbenteh nie fertig gesehen, aber in den sieben Monaten seines Aufenthaltes setzte er sich mit seiner langjährigen Afrikaerfahrung für den Hospitalbau ein.

Bericht von Dr. Matthias und Dr. Katharina Furrer über die medizinische Situation in Sierra Leone

Mitte August 2003 kamen wir nach Sierra Leone. Nach Jahren medizinischer Tätigkeit in verschiedenen Ländern Afrikas, aber auch in abgelegenen Regionen der Schweiz, war dies eine neue Aufgabe und Herausforderung. Ein Land im feuchttropischen Afrika, am Ende eines fürchterlichen Bürgerkrieges, aber zum Glück noch einigermaßen verschont von der AIDS-Seuche, weil das Land während der Kriegsjahre für Ausländer kaum zugänglich war.

Es ist ein Land mit erschreckenden medizinischen Kennzahlen, die einen objektiven Vergleich mit anderen, ähnlichen Ländern zulassen – Zahlen, die Gebiete der Medizin betreffen, die mit unserer westlichen Medizin wesentlich und positiv beeinflusst werden können, z. B. die Mütter- und Kindersterblichkeit. Warum ist die Situation gerade dort so ungemein schlecht? Was läuft falsch?

Auf verschiedene Weise haben wir – meine Frau Katharina und ich – versucht zu erfahren, wo das Hauptproblem liegt. Ist es das mangelnde Angebot an medizinischer Hilfe, die mangelnde Information, das fehlende Wissen und deren Anwendung, die schlechten Transportmöglichkeiten oder alles zusammen?

An unserem Krankenhaus in Lungi, dem Bai Bureh Memorial Hospital, haben wir – seitdem wir hier sind – fast keine normalen Geburten gesehen. Eigentlich kamen nur Frauen mit meist äußerst schweren Komplikationen. Fast bei jeder zweiten Geburt im Hospital ist der Tod zur Stelle: eine Totgeburt, das Kind stirbt bei Geburt oder später, die Mutter ist in Lebensgefahr oder stirbt gar. In anderen Hospitälern sieht es nicht besser aus.

Vor drei Tagen nahmen wir an einem District Health Management Meeting im Distrikthauptort teil. Das war interessant, da das Hauptthema Geburtshilfe war. Unsere Erfahrungen werden landesweit geteilt; die unglaublich hohe Müttersterblichkeit wurde bestätigt. Man stellte fest, dass die meisten Geburten außerhalb eines Hospitals stattfinden und bei ihnen Blutungen eintreten oder der

Uterus platzt – öfters verursacht durch unsachgemäßen Gebrauch von Produkten zur Einleitung der Wehen zu Hause. Deshalb werden die Patienten keiner richtigen Behandlung zugeführt. Es fehlen auch Richtlinien und Untersuchungskriterien für die Hebammen.

Nicht nur bei der Geburtshilfe besteht eine Misere. Ich sah im Hospital Kinder mit akuter Blinddarmentzündung oder schwerster Mangelernährung. Ein Kind mit dringender Indikation zur Blinddarmoperation wurde nach Hause mitgenommen aus Angst vor finanziellen Konsequenzen, auch wenn wir sicher ohne vorherige Bezahlung sofort eingegriffen hätten. Das unterernährte Kind hatte sich zunächst etwas erholt, deshalb entschied die Mutter, es vorzeitig mit nach Hause zu nehmen. Auch dieser kleine Patient ist ohne Überlebenschance.

Warum geschieht das? Die Leute fürchten die Hospitäler; man hat Angst vor finanzieller Ausbeutung (vor Forderungen, die Familien ruinieren können), dazu noch manchmal vor unsachgemäßer, nachlässiger und schlechter Pflege und Behandlung. Ein hoher Ministerialbeamter fasste es kurz und bündig zusammen: In den Krankenhäusern in Sierra Leone ist man unfreundlich zu den Patienten und das Tarifsystem ist so undurchsichtig und menschenverachtend, dass es abschreckend ist.

In Versammlungen mit der Bevölkerung wurde uns dieser Graben zwischen den Patienten und dem Gesundheitssystem offen geschildert. Will man hier eine positive Veränderung bewirken, bedarf es nicht nur eines effizienteren Gesundheitssystems, das sicher angestrebt wird, sondern das Vertrauen der Bevölkerung in eine freundliche, anteilnehmende Behandlung und Pflege muss wiederhergestellt werden. Um dies in Sierra Leone zu erreichen, bräuchte es Möglichkeiten, um den Patienten eine Behandlung in Notfällen zu gewähren – besonders bei lebensbedrohlichen Zuständen, wo man ja in jeder Hinsicht hilflos wird –, ohne finanzielle Angst zu haben und hinterher Not zu leiden. Lebensbedrohliche Erkrankungen sollten keine Gelegenheit sein, ausgebeutet zu werden.

Dr. Matthias und Dr. Katharina Furrer

Kapitel 10

Der Verlauf bis zur Fertigstellung des Hospitals

Meine Gedanken waren oft auf dem Bauplatz in Magbenteh, und mein Herz war schwer, weil ich immer wieder dachte: *Na, wenn das mal alles gut geht!* Und es ging nicht gut. Abd berichtete mir von vielen Problemen, die plötzlich da waren. Ständiger Geldmangel, obwohl wir für den ersten Bauabschnitt alles geregelt hatten. Jeden Monat verlangte die Baufirma mehr Geld, bis sie nicht mehr weiterbaute und ein Baustopp eintrat. So musste ich wegen dieser Situation ein zweites Mal im Herbst 2003 nach Sierra Leone fliegen, was auch für unsere Familie eine erneute finanzielle Belastung war.

Ich war gespannt, wie weit die Bauarbeiten vorangekommen waren. Als ich auf dem Bauplatz ankam und das erste Gebäude von weitem sah, war ich nicht enttäuscht. Leider änderte sich das schnell, als ich es betrat. Keine Mauer war richtig verputzt, der Fußboden mit lokal angefertigten Zementkacheln ausgelegt, von denen jede zweite ein- oder zweimal durchgebrochen war. Im ganzen Haus gab es keine Toilette und kein Wasser. Keine Tür ging richtig zu. Wo Lichtschalter sein sollten, gab es nur lose hängende Drähte. Kurz gesagt: Es war die reine Katastrophe! Aufs Neue musste ich Lehrgeld zahlen und erfahren, wie man sich in Menschen und ihren Versprechungen täuschen kann.

Ich kündigte sofort den Bauvertrag mit der Firma. Man empfahl mir einen Mann, der zwar am Anfang seiner Karriere als Bauunternehmer stand, aber schon viele Häuser gebaut hatte. Sein Name war Siaka Turay, ein Einheimischer aus Freetown. Zunächst schaute ich mir einige der von ihm fertiggestellten Häuser an und stellte fest, dass auch die Feinarbeiten – speziell innen – sauber ausgeführt waren. Ich wollte ihn testen und sehen, was er konnte.

Der Bau geht endlich voran

Der alte Putz wurde von den Wänden geschlagen und die Kacheln vom Fußboden entfernt, Wasserleitungen gelegt und Toiletten eingebaut. All das wurde von Siaka und einigen Tagelöhnern gemacht, als ich da war. Ich stellte zu meiner Erleichterung fest, dass der Mann etwas konnte. Seine gute Arbeitsweise hatte er bei katholischen Missionaren gelernt, bei denen er einige Jahre gearbeitet hatte.

Jeden Morgen musste ich mit den Tagelöhnern über ihren Lohn verhandeln und ihnen klarmachen, dass das Hospital nicht für uns gedacht war, sondern für sie, und dass die gesamte Region davon profitieren würde. Diese Menschen dafür zu sensibilisieren war nicht leicht, denn jeder brauchte jeden Tag seinen noch so geringen Lohn, um seine Familie durchzubringen. Diese Verhandlungen waren auf beiden Seiten Nerven aufreibend. Es tat mir oft wirklich leid, dass ich ihnen nicht einen höheren Lohn zahlen konnte.

Im Gespräch mit Siaka

Mir ging es während meines Aufenthaltes nicht besser als ihnen. Mein afrikanisches Essen bestand jeden Tag aus Reis mit Maniokblättern als Spinat verarbeitet, wobei ich 50 Cent für ein Tellergericht bezahlte. So gewöhnte ich mich daran, nur einmal am Tag zu essen.

Mein Urlaub war wieder einmal viel zu schnell zu Ende und ich musste das Baugelände verlassen – aber doch mit einem besseren Gefühl als vorher.

Die Begegnungen mit Daan Dura

Zurück in der Schweiz dauerte es nicht lange, da lernte ich einen interessanten Mann kennen. Daan Dura kam mit seiner persönlichen Therapeutin in die Klinik La Lignière, um im neuen Schwimmbad seine Behandlungen zu bekommen. Das war bei uns nicht üblich und als verantwortlicher Leiter der Physiotherapieabteilung fragte ich ihn, wer ihm die Erlaubnis dafür gegeben hätte.

Daraufhin erklärte er mir, dass er ein Patient von Dr. Nacht, unserem Herzspezialisten, war und dreimal die Woche gezieltes und kontrolliertes Training brauchte. Daan Dura ist Niederländer und lebte schon seit vielen Jahren in der französischen Schweiz ganz in der Nähe der Klinik.

Nun sah er mich jedes Mal, wenn ich mit meinen Patienten ins Schwimmbad kam und Behandlungen durchführte. Das muss ihm so imponiert haben, dass er mich fragte, ob ich sein persönliches Training übernehmen könnte. Ich war dazu sofort bereit. Natürlich hörte auch er von mir bald die Geschichten von unserem Hospital in Sierra Leone.

Karin und ich beteten weiterhin täglich darum, dass Gott uns Menschen in den Weg stellte, die in der Lage waren, uns zu helfen. Daan Dura kam zur gleichen Zeit auch zur Fußpflege zu Karin. So erfuhr er, dass wir zusammengehörten und uns für die gleiche Sache einsetzten. Er hörte auch von ihr über unsere Arbeit in Afrika und stellte mir dann mehr und mehr Fragen. Wir spürten, dass Gott hier am Wirken war.

Es begann damit, dass meine Kollegen und ich im Warteraum der Physiotherapieabteilung der Klinik La Lignière eine Aktion zugunsten der Leprakranken im Dorf Masanga durchführten, um sie mit Reis zu versorgen. Wir verkauften symbolisch 10 Zentimeter große, mit Reis gefüllte Jutesäckchen für 25 Schweizer Franken. Unser Ziel war, 2000 Franken zu bekommen, damit wir jeder Familie in Masanga einen Zentner Reis kaufen konnten. Als Daan Dura im Warteraum unsere ausgestellten kleinen Reissäckchen sah, spendierte er spontan 3000 Franken dafür. So konnten wir weit über unser gestecktes Ziel den Leprakranken in Masanga helfen.

Nach dieser Aktion fragte Daan, wie er uns außerdem helfen könnte. Wir erklärten ihm, dass wir für jedes Gebäude des Hospitals 20 000 Dollar benötigten, um es fertigzubauen. Einige Tage später überraschte er uns damit, dass er die Summe für ein Gebäude schon auf das Spendenkonto von SSLDF überwiesen hätte. Wir dankten Gott, dass wir wieder weiterbauen konnten.

Da Daan mit der physiotherapeutischen Behandlung sehr zufrieden war, versicherte er uns, dass er auch für das letzte Gebäude, die Physiotherapieabteilung, eine zweite Spende geben wollte. Dieses Versprechen gab uns Mut und Kraft weiterzumachen.

Bei einem Besuch zu Hause bei Daan erfuhren wir, dass seine Frau ins Krankenhaus musste, um operiert zu werden. Da auch sein Gesundheitszustand nicht der beste war, wollten seine Kinder und Enkelkinder, die in den Niederlanden lebten, dass sie die Schweiz definitiv verlassen sollten, um zurückzukehren.

Nach der gut verlaufenen Operation seiner Frau verkauften sie daher ihr Haus und zogen bis zu ihrer Abreise in ein Hotel. Sie luden uns zu einem Abschiedstreffen ein, um noch einiges mit uns besprechen zu können. Unser Afrikaprojekt ging Daan nicht aus dem Sinn. Er sagte uns, dass er in den Niederlanden mehrere Möglichkeiten hätte, uns zu helfen. Eine davon wäre seine gute Verbindung zum Universitätshospital in Rotterdam, von dem er uns medizinische Apparate und Material besorgen könnte. Eine andere Möglichkeit wäre die finanzielle Hilfe für spätere Zeit.

Wir erfuhren hier erneut, wie Gott das Herz von Menschen berührte. Und wir lernten durch diese Erfahrung, auch in schweren

Zeiten nicht aufzugeben, sondern weiter zu beten, zu vertrauen und zu warten.

Die Zusammenarbeit mit der „Action contre la faim“

Während des Bürgerkrieges in Sierra Leone und auch noch danach war eine große französische Hilfsorganisation, die „Action contre la faim“ (Aktion gegen den Hunger – ACF) im ganzen Land tätig. Sie unterhielt unter anderem in Makeni ein Zentrum für unterernährte Kinder (ein sogenanntes Therapeutic Feeding Center).

Als der Bürgerkrieg einige Jahre zu Ende war und daher ihre Anwesenheit im Land nicht mehr erforderlich war, suchte Frederic Malardeau, Projektmanager und Landesdirektor von ACF, im Jahr 2003 unter mehr als 50 verschiedenen Hilfsorganisationen eine, die dieses Projekt übernehmen konnte. Unsere Organisation SSLDF kam in die engere Auswahl, da wir künftig in der Nähe ein Hospital hatten, denn die von ACF betreuten Kinder im Alter bis zu drei Jahren brauchten dringend medizinische Hilfe. Frederic Malardeau nahm mit Dr. Abd Sesay Kontakt auf und erkundigte sich nach den Möglichkeiten, auf unserem Hospitalgelände in Magbenteh ein Zentrum für unterernährte Kinder einzurichten.

Das war natürlich wieder mit neuen Kosten verbunden. Frederic kam zu mir in die Schweiz, um über das Projekt zu diskutieren. Unser Hauptproblem war die Finanzierung. Die „Action contre la faim“ (ACF) hatte ihre eigenen Vorschriften, die wir übernehmen sollten. Dafür hätten wir eine komplette neue Infrastruktur einrichten müssen. Dazu kämen die Kosten für die Ernährung der Kinder, zusätzliches Pflegepersonal und vieles andere. Daher erklärte ich Frederic, dass SSLDF das wegen unserer angespannten finanziellen Lage leider ablehnen müsse.

Er bot daraufhin an, dass ACF die gesamten anfallenden Kosten für das erste Jahr übernehmen und sie uns in diesem Jahr helfen würden, neue Sponsoren zu finden. Zu jener Zeit waren etwa 50 Kleinkinder in ihrem Zentrum, die zu übernehmen wären. 90 Prozent dieser Kinder würden sterben, wenn das Ernährungszentrum nicht weitergeführt werden würde.

Ich war nicht fähig, eine so wichtige Aufgabe abzulehnen, und entschied mit unserer Organisation, dieses Kinderzentrum mit der Hilfe von ACF weiterzuführen und bei uns auf dem Hospitalgelände ein neues Zentrum für unterernährte Kinder aufzubauen.

In den Vorruhestand

In Anbetracht der zu erwartenden Mehrbelastung durch dieses neue Ernährungszentrum für Kinder kam mir nach reiflichen Überlegungen der Gedanke, mich zu erkundigen, welche Möglichkeiten es für einen Vorruhestand gab – zwei Jahre vor dem Rentenalter.

Meine Gespräche mit der Direktion der Klinik „La Lignière" verliefen positiv, aber das Hauptproblem war, dass ich die beiden Jahre kein Gehalt mehr bekommen und mit der – teils vom Arbeitgeber, teils vom Arbeitnehmer eingezahlten – in der Schweiz obligatorischen Zusatzrente und Karins kleinem Einkommen (sie arbeitete nur noch halbtags) auskommen mussten. Das wäre mit vielen Einschränkungen verbunden. Da wir nichts ohne Gott tun wollten, legten wir ihm unser Anliegen vor.

Nach einigen Monaten arrangierte es sich so, dass ich meinen Dienst im Mai 2004, nach 38 Jahren in La Lignière, beenden konnte. Da Karin weiterhin in der Klinik arbeitete, konnten wir in der Dienstwohnung bleiben, wo die Miete günstiger war als im Ort.

Nach einem Monat Vorbereitungen für einen längeren Aufenthalt flog ich Ende Juni erneut nach Sierra Leone, um die Ausführung des Hospitalbaus zu leiten.

Die Eröffnung der Poliklinik

Wir konzentrierten uns auf die Eröffnung der Poliklinik in Magbenteh und die nötigen Arbeiten für die Einrichtung des neuen Ernährungszentrums für Kinder, da mit jedem Monat die Baukosten in die Höhe kletterten.

Mitte August 2004 war es endlich so weit, dass das erste Gebäude auf dem Hospitalgelände, der Verwaltungsblock mit der Poliklinik, fertiggestellt war. Dank Siaka Turays guter Arbeit sah es innen und außen so aus, wie ich es mir von Anfang an vorgestellt hatte. Zur Poliklinik gehörten Ärztebüros, ein Labor, eine Apotheke und ein Röntgenraum. Nun konnte Dr. Abd Sesay die Verantwortung für die Poliklinik übernehmen.

Die ersten Gebäude des neuen Hospitals

Die Einweihung wurde mit einem kleinen Fest gefeiert. Dazu luden wir lokale Persönlichkeiten ein. Alle kamen und freuten sich mit uns über die Eröffnung der Poliklinik, die medizinische Hilfe für die gesamte nördliche Region Sierra Leones brachte.

Das nächste Gebäude, das fertiggestellt wurde, war der Operationsblock, danach folgte die Entbindungsstation, dann ging es mit dem Frauen- und dem Männerhaus weiter. Bis dahin reichte das Geld, das unserer Hilfsorganisation gespendet worden war.

Es war kurz vor Weihnachten, als ich in die Schweiz zurückflog, um mit Karin das Jahresende zu verbringen und neue Sponsoren zu finden. Wir wollten die Zeit meines Aufenthaltes auch nutzen, um Mobiliar für die Einrichtung des Hospitals zu finden.

Karin überraschte mich mit einer freudigen Mitteilung: Sie hatte sich gegen ihre Eiweißallergie desensibilisieren lassen und konnte daher eine Gelbfieberimpfung machen lassen. Die hatte sie bereits erfolgreich überstanden! Nun freuten wir uns alle, dass sie zur Einweihung des Hospitals nach Sierra Leone kommen konnte.

Joachim Schick und seine Frau Helene, emsige Mitarbeiter unserer Gruppe, hatten die Idee, beim Radiosender „Swiss Romande" anzufragen, ob sie uns behilflich sein würden, in ihrer täglichen Nachrichtensendung um 12 Uhr einen Aufruf für medizinisches Material, das wir aufgelistet hatten, zu machen. Die Antwort war positiv. Viele meldeten sich bei dem Sender.

Joachim und Helene besorgten sich auf ihre Kosten einen Minibus und fuhren vier Wochen lang in der ganzen Schweiz umher, um das Material abzuholen. Wir wurden reich gesegnet, denn wir bekamen so viel Material, dass wir damit einen großen Container füllen konnten, den wir per Schiff nach Sierra Leone schickten. Es war bewegend zu erleben, wie viele Menschen bereit waren, für eine gute Sache zu spenden. Das spornte uns an und zeigte uns, dass wir auf dem richtigen Weg waren.

Neue Kosten für den Hospitalbau

Für das Hospital mussten wir auch ein Drainagesystem vorsehen, dazu noch einen überdachten Gehweg für die Regenzeit, der die einzelnen Gebäude verbindet. Jean-Pierre, unser erster Architekt, hatte in seinen Plänen leider vieles nicht bedacht.

Siaka machte Berechnungen für die neuen Kosten, aber unsere Reserven waren aufgebraucht. Die Situation war schwierig. Die Verantwortlichen in Sierra Leone und unsere Gruppe in der Schweiz flehten zu Gott, er möge uns helfen, die Gelder aufzutreiben, die wir dringend brauchten. Es war ein täglicher Kampf.

In Nächten, in denen ich nicht schlafen konnte, flehte ich zu Gott: „Du hast für den Hospitalbau dein Ja gegeben. Gib uns bitte auch die Mittel, dass wir weiterbauen können." In einer Morgenandacht las ich einen Bibeltext, der mir wieder Hoffnung gab: „Ich habe dir die Last von den Schultern genommen ... Du hast zu mir geschrien in deiner Not und ich habe dich daraus befreit!" (Psalm 81,7.8)

Im Jahr 2005 geschahen mehr und mehr Wunder. Um das Hospital fertigbauen zu können, brauchten wir erneut für die restlichen vier Gebäude je 20 000 Dollar. Gott führte uns immer wieder mit

Menschen zusammen, die sich für unsere Arbeit interessierten und unserer Organisation SSLDF Geld dafür spendeten.

Oftmals waren es Durststrecken von sechs Monaten, in denen Gott uns prüfte, wie groß unser Vertrauen zu ihm war. Und wenn dann wieder eine Spende kam, war die Freude darüber riesengroß und wir dankten ihm immer und immer wieder für seine Hilfe.

Valentin, Hanni, Karin und ich versprachen Gott, dass wir ihm zu Ehren – wenn eines Tages das Hospital fertiggestellt war – einen „Altar" in Form einer Kapelle bauen würden, in der wir ihm Lob und Dank darbringen konnten. Wir wussten nicht, wann das möglich wäre, waren uns aber sicher, dass Gott uns nicht im Stich lassen würde. Eines Tages würde dieses Buschhospital fertig werden.

Die Spende einer Genfer Ölfirma

Eines Tages Mitte 2005 rief Karin mich in Magbenteh an, um mir mitzuteilen, dass die gemeinnützige Stiftung einer englischen Ölfirma (die nicht genannt werden möchte) mit Sitz in Genf, die uns schon früher einmal für die Fertigstellung eines Gebäudes eine Spende gegeben hatte, anfragte, wie weit wir mit den Bauarbeiten wären und was wir nun am dringendsten benötigten. Ich setzte mich sofort mit unserem Bauleiter Siaka Turay zusammen, um darüber zu beratschlagen. Schon nach einer Stunde konnten wir Karin unseren Bedarf mitteilen, den sie der Stiftung übermittelte.

Nun mussten wir geduldig warten, ob sie diese finanzielle Unterstützung erneut gewähren würden. Aufs Neue waren unsere Herzen mit Dank und Freude erfüllt, als die positive Nachricht kam.

Als wir das Geld überwiesen bekamen, rechneten Siaka und ich aus, wie viel Zeit noch gebraucht würde, um das Hospital fertigzustellen. Wir kamen auf den Dezember 2005, gaben aber sicherheitshalber noch einen Monat dazu und legten das Datum für die Einweihungsfeier auf Freitag, den 27. Januar 2006 fest.

Nun mussten wir für die rechtzeitige Fertigstellung alles geben; es war in kurzer Zeit noch so viel zu tun. Aber jeder, der mit dem Hospitalbau zu tun hatte, war motiviert, damit der Termin für die

Einweihung eingehalten werden konnte. Wir luden den amtierenden Präsidenten von Sierra Leone, Dr. Ahmad Tejan Kabbah, ein, denn wenn er wirklich kommen wollte, müsste das seinerseits frühzeitig geplant werden.

Die Poliklinik war täglich überfüllt. Deshalb warteten wir alle auf die Fertigstellung des Hospitals, um endlich Patienten stationär aufnehmen und behandeln zu können.

Weitere Spenden für die Einrichtung des Hospitals

Der Endspurt begann. Was noch fehlte, waren Betten, Nachttische und viele andere Einrichtungsgegenstände. Es gab zwei Operationsräume, für die OP-Tische und die ganzen Instrumente gebraucht wurden. Dafür mussten die Mitglieder unserer Schweizer Gruppe wieder in Aktion treten. Sie bekamen lange Listen.

Das Ergebnis ihrer eifrigen Arbeit waren drei große Container gefüllt mit dem Material, das wir für das Hospital brauchten. Darunter war auch ein neuer Stromgenerator (mit 75 kW Leistung), der von einer deutschen adventistischen Firma gespendet worden war. Ein Container war gefüllt mit neuem, nicht gebrauchtem medizinischen Material der Schweizer Armee. Das Lausanner Universitätskrankenhaus spendete uns 40 gebrauchte Hospitalbetten.

Der Transport für einen Container kostete bis nach Magbenteh etwa 8000 Euro. Auch diese Gelder hatten wir nicht, doch Gott kam uns aufs Neue zu Hilfe. Unser Sponsor Valentin, der schon so viel für das Hospital gegeben hatte, kam für die gesamten Kosten auf. Gott ist wunderbar! Er sensibilisierte erneut diesen Mann, der die ersten 100 000 Dollar gespendet hatte und uns bis zur Fertigstellung half. Ohne ihn würde das Hospital heute nicht existieren. Wir luden ihn wieder nach Sierra Leone ein und hofften ganz besonders, dass er zur Einweihung kommen würde, aber seine Gesundheit ließ es leider nicht zu.

Der Hospitalbau ging rasch dem Ende zu. Ein neues Problem trat mehr und mehr in den Vordergrund: Wie und von wem wird das Hospital unterhalten? Der Verantwortliche der gemeinnützigen Stiftung der Ölfirma hatte uns bei einem Treffen in Genf bereits gefragt: „Ihr habt bald ein wunderschönes Hospital, aber wie wollt ihr es unterhalten?" Und viele Andere fragten mich dasselbe.

Natürlich hatten wir in Sierra Leone wie auch unsere Gruppe in der Schweiz manche Stunde darüber nachgedacht. Jedes Mal, wenn ich gefragt wurde, antwortete ich, dass wir bis hierher mit Gott gearbeitet hatten und wir darum beteten; er würde uns ganz sicher eine Lösung zeigen. Diese Aussage wurde meistens mit einem Schmunzeln quittiert, denn in der Geschäftswelt zählt so etwas natürlich nicht. Wir beteten täglich dafür und vertrauten Gott, mit dem wir schon so viele Erfahrungen gemacht hatten, dass er eine Lösung finden würde. Und unsere Glaubenserfahrungen mit Gott gingen tatsächlich weiter.

Eine Reise nach Amsterdam mit positiven Folgen

In einem Telefongespräch hatte Karin erneut eine gute Nachricht für mich: Der Sekretär unseres ehemaligen Patienten Daan Dura hatte angefragt, ob er mich bei meinem nächsten Aufenthalt in der Schweiz in Amsterdam treffen könnte.

Der Endspurt für den Hospitalbau war in vollem Gange. Doch mir erschien dieses Treffen mit Daan so wichtig, dass ich in die Schweiz zurückflog. Wir nahmen Kontakt mit seinem Sekretär auf, der uns einen Termin für ein Treffen in Amsterdam gab. Es klang vielversprechend, denn er schrieb, dass Daan mit einem Finanzmann kommen würde. Sie schickten mir auch ein Flugticket.

Am Vorabend des Abflugs bekam ich eine E-Mail, dass Daan nicht kommen könnte, da er eine Herzkrise gehabt hatte. An der Verabredung würde sich aber nichts ändern, da der Finanzmann in seinem Auftrag kommen würde. Voller Erwartung flog ich am 2. Dezember 2005 nach Amsterdam. Dort traf ich Dr. Fred Nederlof, einen sympathischen, zwei Meter großen Mann. Er stellte sich vor und erklärte mir sein Verhältnis und seine Zusammenarbeit mit Daan. Er hatte als Arzt gearbeitet, aber nach einiger Zeit seine Praxis aufgegeben, um in das Finanzwesen zu wechseln.

Danach war ich an der Reihe. Fred war ein guter Zuhörer und stellte nur wenige Fragen. Umso mehr erzählte ich. Die Zeit verflog und wir vergaßen das Mittagessen und fast auch meinen Rückflug um 17 Uhr. Bevor ich mich verabschiedete, erklärte Fred, dass er nun einen ausführlichen Bericht von unserem Treffen für Daan Dura schreiben müsse.

Als ich wieder im Flugzeug saß, dachte ich über das Gespräch mit Fred nach und hatte ein gutes Gefühl. War das die Antwort auf unsere Gebete für die Zukunft unseres Hospitals? Gott hat ungeahnte Möglichkeiten und kann Dinge für uns tun, von denen wir nicht einmal träumen.

Fred gab seinen Bericht an Daan und bekam den Auftrag, im Internet nach zwei Chirurgen zu suchen, die mit ihm im Januar zur Einweihung des Hospitals nach Sierra Leone fliegen sollten. Daan konnte aus gesundheitlichen Gründen nicht mitkommen, wollte aber wissen, wie weit er unserem Projekt vertrauen konnte.

Fred publizierte die Anfrage im Internet und war erstaunt, dass sich in kurzer Zeit 33 Chirurgen darauf meldeten. Er suchte davon zwei aus, die daraufhin ihre Reise vorbereiteten, um bei der Einweihung dabei zu sein und unser Buschhospital kennenzulernen.

Zusätzlicher Lagerraum erforderlich

Als ich aus der Schweiz zurückkam, waren die Arbeiter dabei, das Physiotherapiegebäude fertigzustellen. Wir hatten von Daan Dura die dafür versprochene Spende bekommen. Die eine Hälfte des Gebäudes war für die Physiotherapieabteilung geplant und die andere Hälfte für einen Lagerraum. Nun musste ich aber feststellen, dass die Räumlichkeiten für eine gute physiotherapeutische Behandlung und einen ausreichenden Lagerraum nicht groß genug waren.

Ich besprach das mit Siaka, unserem Bauleiter, und wir entschieden, das gesamte Gebäude für die Physiotherapieabteilung vorzusehen und ein neues Gebäude als Lagerraum zu bauen. Das wiederum war in unserem Budget nicht eingeplant, sodass wir aufs Neue 15 000 Dollar auftreiben mussten. Wir brauchten aber unbedingt diesen Lagerraum, um das Einrichtungsmaterial für das Hospital, das aus der Schweiz in Containern geschickt wurde, deponieren zu können.

Kapitel 11

Die Einweihung des Hospitals

Für die Einweihung lief nun alles auf Hochtouren. Wir mussten sicherstellen, dass wir bis zum 27. Januar 2006 mit allem fertig sein würden, denn wenn Präsident Dr. Ahmed Tejan Kabbah käme, würden auch andere Persönlichkeiten aus Makeni kommen und dazu das nationale Radio und Fernsehen sowie Zeitungsreporter.

Wir wussten immer noch nicht, ob der Präsident kommen würde. Das erfuhren wir erst am Vorabend der Einweihung. Wir trafen aber vorsorglich alle Vorbereitungen dafür. Alle Gebäude wurden rechtzeitig fertig (der Anstrich der Innenwände einiger Gebäude wurde erst in der Nacht vollendet!) – bis auf das Gästehaus, sodass viele Eingeladene in Hotels untergebracht werden mussten.

Am Freitag, dem 27. Januar, herrschte überall Aufregung und emsiges Treiben. In letzter Minute wurde aus Holzbrettern eine Plattform gebaut, auf der die prominenten Personen Platz nehmen

Der Bau der Pergola – gefilmt von Fred Graber

konnten, und eine große Pergola aus Palmenblättern, die Schatten spendete für alle geladenen Gäste – ungefähr 400 Personen.

Aus der Schweiz erwarteten wir eine kleine Gesandtschaft bestehend aus Karin, unserer Tochter Kerstin, unserer Buchhalterin Nelly Pasche und Jean-Claude Boand, dem Vizepräsidenten unseres Hilfsvereins für die Swiss Sierra Leone Development Foundation in der Schweiz. Sie kamen eine Woche vorher an.

Aus unserer Gegend (dem kleinen Ort Gingins nahe Nyon) hatte sich bei Karin Fred Graber gemeldet, der bis zu seiner Pensionierung selbstständiger Orthopäde war und nebenbei Inhaber eines professionellen Foto- und Filmstudios. Er wollte die ganze Eröffnung in einem Videofilm dokumentieren und kam deshalb mit ihnen mit. Dreieinhalb Jahre zuvor war hier noch völliges Buschland gewesen und jetzt stand hier ein großer Krankenhauskomplex, dessen Baukosten insgesamt etwa 700 000 Dollar betrugen.

Zu unserer großen Freude kamen tatsächlich alle Eingeladenen! Aus den Niederlanden kam Dr. Fred Nederlof; er wurde begleitet von zwei Chirurgen, Dr. Charles Bossevain und Dr. Cees Wittens. Aus Freetown kam der Schweizer Konsul Rudi Bruns und die deutsche Botschafterin Astrid Ilper. Auch der Präsident Sierra Leones Dr. Kabbah hatte sich angesagt.

(v.l.) Fred Graber, Dr. Cees Wittens, Dr. Nederlof, Dr. Abd und Siaka.

Die Einweihungszeremonie

Für die Einheimischen war die Einweihung eine große Sensation. Die Schulkinder säumten mit Fähnchen die drei Kilometer lange Hauptstraße von Makeni nach Magbenteh bis zum Hospital.

Der Präsident traf mit seinem Gefolge aus Freetown ein. Es war beeindruckend. Zehn Limousinen fuhren auf das Gelände. Begleitet wurde er von der Gesundheitsministerin Abator Thomas, dem Minister für Land- und Bauwirtschaft Bobsen Sesay sowie Sicherheitsbeamten, Soldaten und Polizisten. Auch viele lokale Politiker und religiöse Führer von Muslimen und Christen kamen.

Begrüßund von Präsident Kabbah (in der Mittel Dr. Abd Sesay)

Nun konnte die Zeremonie beginnen: Der Präsident schritt die Ehrengarde ab, begrüßte dann seine Minister und unser Schweizer Empfangskomitee. Schließlich setzten alle Redner sich auf die Bühne. Da in Sierra Leone öffentliche Veranstaltungen mit Gebeten von Muslimen und Christen beginnen, hielten die Gäste danach ihre Ansprachen. Der Präsident war der letzte Redner.

In meiner Rede gab ich einen Bericht über die Entstehung des Hospitals. Um Gott die gebührende Ehre zu geben, sagte ich, dass *er* der Gründer, Vollender und Erhalter dieses Hospitals sei. „Es ist Gott, der dieses Hospital betreibt."

Die Gäste bei der Einweihung unter der Pergola (in der Mitte die deutsche Botschafterin Astrid Ilper)

Ansprache des Präsidenten Sierra Leones Dr. Ahmad Tejan Kabbah auf der Feier zur Einweihung des Magbenteh Community Hospitals in Makeni

[Begrüßung]

Vor einigen Monaten habe ich an der Zeremonie des ersten Spatenstichs für den Bau eines neuen staatlichen Krankenhauses in Makeni teilgenommen. Vor dieser Zeremonie hat die Bevölkerung von Makeni die Eröffnung eines voll ausgestatteten, ultramodernen Hospitals erlebt, das von der Katholischen Mission finanziert wurde und dem von Bischof Biguzzi der Makeni-Diözese der Weg bereitet wurde.

Heute bin ich erneut hier in Makeni, um die offizielle Eröffnung einer anderen medizinischen Einrichtung mitzuerleben, dem Magbenteh Community Hospital. Der geballte Effekt dieser drei Ereignisse kann nur als Antrieb für die Bemühungen der Regierung dienen, den Gesundheitszustand unseres Volkes zu verbessern.

Die Last der Gesundheitsprobleme in Afrika, einschließlich unseres Landes, ist beängstigend und wird in unverhältnismäßiger Weise hauptsächlich von den Armen getragen. Um dieser Last entgegenzuwirken, hat das Gesundheitsministerium in Übereinstimmung mit seiner Aufgabe zahlreiche Richtlinien und Strategien entwickelt, getragen von dem Grundsatz der Gesundheitsfürsorge für alle. Dieses Konzept hat das Ziel, den Gesundheitsstand der Kommunen wesentlich zu verbessern, indem ein gesünderer Lebensstil gefördert, das Auftreten von Krankheiten verhindert, die Sterberate vermindert und so die Lebenserwartung vergrößert wird.

Ein Eckstein dieses Konzeptes der Gesundheitsfürsorge für alle ist das ausdrückliche Verlangen sicherzustellen, dass die Gesundheitsversorgung für die Mehrheit der Bevölkerung zugänglich und erschwinglich ist. Darüber hinaus sollen die Kommunen an der Verbesserung der Gesundheit [ihrer Einwohner] teilhaben. Das Konzept anerkennt auch die Notwendigkeit, die extreme Anfälligkeit der Frauen und Kinder zu berücksichtigen.

Die Gesundheitsprobleme unserer Kommunen anzupacken ist eine komplexe Angelegenheit, die die Zusammenarbeit der Regierung, internationaler Organisationen und der Gesellschaft in einer öffentlich-privaten Partnerschaft erfordert. Solch eine Zusammenarbeit ist entscheidend, um das gemeinsame Ziel zu erreichen, eine gesündere Bevölkerung zu schaffen – vorausgesetzt, dass die Zusammenarbeit auf gegenseitigem Vertrauen und Respekt, gemeinsamen Zielen und Verantwortlichkeiten sowie einem echten Langzeitengagement aller Partner beruht.

Meine sehr verehrten Damen und Herren,

das Magbenteh Community Hospital ist der Höhepunkt dieser Art von gemeinschaftlicher Partnerschaft seitens des Gesundheitsministeriums, der Swiss-Sierra Leone Development Foundation SSLDF und der zivilen Verwaltung von Magbenteh.

Es ziemt sich, den Gründer der Swiss-Sierra Leone Development Foundation zu nennen. Laut der Berichte wurde die Organisation vor neun Jahren als eine lokale NGO [Nichtregierungsorganisation] von Herrn Harald Pfeiffer gegründet. Er kam 1988 für sechs Monate nach Sierra Leone als ein Physiotherapeut, der als Freiwilliger imLeprahospital in Masanga arbeitete. Bewegt durch das menschliche Leiden infolge von Lepra, Polio und anderen Krankheiten sandte er seit seiner Rückkehr [in die Schweiz] regelmäßig Hilfssendungen und Geld, um die Leiden der Familien zu verringern. Seine bemerkenswerte humanitäre Arbeit erforderte die Gründung der NGO [SSLDF].

Im Namen der Regierung und des Volkes von Sierra Leone und in meinem eigenen Namen möchte ich speziell Herrn Pfeiffer und allgemein der Swiss-Sierra Leone Development Foundation unsere Wertschätzung dafür ausdrücken, dass sie erfolgreich ein Projekt realisiert haben, das das Ziel hat, das Wohlergehen dieser Kommune zu verbessern und zu fördern.

Es befriedigt mich sehr, dass diese Organisation als Teil ihres künftigen Entwicklungsplanes auch die Gründung einer regionalen

Ausbildungsstätte für Pflegepersonal beabsichtigt, um die Gesundheitseinrichtungen hier im Norden [unserer Republik] angemessen mit Personal besetzen zu können. Meine Regierung kennt auch die anderen Bereiche in Sierra Leone, zu denen die Swiss-Sierra Leone Development Foundation beiträgt wie das Bildungswesen, die Sicherung der Landwirtschaft und Ernährung und humanitäre Hilfe.

Ich bin sicher, dass Sie die Zusammenarbeit mit der Regierung in unserem Bemühen fortsetzen werden, die Lebensqualität unserer Bevölkerung zu verbessern.

Ich appelliere an alle, die den unmittelbaren Nutzen dieser Einrichtung haben – die Bewohner der Kommune Magbenteh, der Stadt Makeni und ihrer Umgebung –, diese Einrichtungen mit größter Sorgfalt zu behandeln. Als Gemeinschaft haben Sie zur Schaffung dieser Einrichtung beigetragen. Es ist nun Ihre Pflicht, sie zu erhalten.

Meine Regierung wird sicherstellen, dass dieses Hospital vom Gesundheitsministerium umfassend unterstützt wird, damit es dem Volk effektiv dienen kann.

Meine Damen und Herren, es ist mir nun eine große Freude, dieses Hospital für eröffnet zu erklären.

Ich danke Ihnen.[5]

[5] Originalquelle: www.statehouse-sl.org/speeches/magben-hosp-jan27.html (Redemanuskript).

Nach dem zeremoniellen Teil durchschnitt der Präsident das Band vor dem Verwaltungsgebäude und eröffnete damit offiziell das Hospital. Wir führten die Gäste durch das Gelände und waren alle ein bisschen stolz auf das, was wir hier mit Gottes Hilfe geschafft hatten. Jeder freute sich, dass mit dem Hospital medizinische Hilfe für die 300 000 Einwohner der Region geleistet werden konnte. Wir nannten es nun „Magbenteh Community Hospital" (MCH, Kommunales Hospital von Magbenteh), weil wir auch eng mit den örtlichen Behörden zusammenarbeiteten, zum Beispiel mit dem zuständigen Regierungsarzt, dem alle Hospitäler des Bombali-Distrikts unterstellt sind.

Der Präsident und die Gesundheitsministerin beim Rundgang mit Abd

Da ich mich noch gut an die Zeit im Hospital in Masanga erinnern konnte, wo ich bei meinem ersten Kommen nach Sierra Leone gearbeitet hatte und in dem viele Patienten nicht behandelt wurden, weil sie die Konsultation nicht bezahlen konnten, bestand seit Eröffnung unseres Hospitals das Prinzip, niemanden abzuweisen, der keine finanziellen Mittel zur Behandlung besaß. Das wird auch heute noch im MCH praktiziert.

Der Komplex des „Magbenteh Community Hospitals"

Das von Präsident Kabbah erwähnte katholische Hospital in Makeni war zu der Zeit nach dem Bürgerkrieg nur ein kleines Hospital und für die notleidende Bevölkerung finanziell nicht erschwinglich. Es werden nur Patienten gegen Bezahlung behandelt. Sie bauten später daneben ein größeres Krankenhaus, aber leider sind auch heute die Kosten immer noch zu hoch für die Armen.

Die Bevölkerungszahl ist in kurzer Zeit dermaßen angestiegen, dass man heute von 600 000 Einwohnern ausgeht, die medizinisch betreut werden müssen. Das war der Grund, warum die Regierung ein völlig neues und großes Hospital in Auftrag gab. Sie sind aber nun schon fünf Jahre am Bauen und immer noch nicht fertig!

Das neue Operationsgebäude (links Fred Graber)

Auszug aus dem Tagebuch von Fred Graber

Eigentlich mache ich außer kreativen Amateurfilmen in meinem professionellen Studio keine „Low-Budget"-Filme. Da ich aber in meinem Nyoner Kiwanis Club durch ein Finanzierungsgesuch für [das Projekt in] Sierra Leone auf eine anscheinend aufregende Hospitaleinweihung aufmerksam wurde, probierte ich, in kürzester Zeit finanzielle Mittel für ein Filmprojekt zu bekommen. Das gelang jedoch in so kurzer Zeit nicht. Folglich initiierte ich in meinem Club eine Spendenaktion für dieses Hospital. Dann flog ich auf eigene Rechnung nach Sierra Leone und dann in einem riesigen Helikopter vom Flughafen Lungi nach Freetown – wenige Meter über dem Meer.

Dort fand ich mit meinen Reisegefährten Karin und Kerstin Pfeiffer und Nelly Pasche das Büro von Haralds Stiftung. Nach zwei Tagen Eingewöhnung fahren wir mit Victor, einem professionellen Kameramann, und einem Chauffeur nach Makeni und erreichen nach drei Stunden Fahrt endlich Magbenteh.

Dort macht Dr. Sesay sofort einen sehr kompetenten Eindruck auf mich. Als ich dann noch wählen kann zwischen einem Aufenthalt in einem komfortablen Touristenhotel und einem Zimmer bei seiner Familie, entschließe ich mich schnell für sein Haus am Rande der 120 000 Einwohner-Stadt, selbst wenn dort kein Komfort geboten wird und es acht Kilometer vom Hospital entfernt liegt. Es ist der 22. Januar 2006 (Hospitaleinweihung minus 5 Tage) – noch genug Zeit, damit ich mich für das Megaereignis vorbereiten kann.

Überall wird gearbeitet – Maler-, Maurer- und Erdarbeiten – alles für den Tag der großen Einweihung. Das Hospital ist grandios. Mit Victor packen wir all mein Filmmaterial aus. „Achtung vor Dieben" heißt es immer wieder. Als kleiner, korrekt denkender Schweizer habe ich Mühe mit all den Schlössern und Schlüsseln überall. Wir bereiten die Dreharbeiten vor, suchen nach guten Kamerastandpunkten. Daher steigen wir auch auf den 10 Meter hohen [zweiten] Wasserturm, der sich noch im Bau befindet. Ganz lässige

Gerüste aus etwas Bambus mit 1-Meter-Stufen, ohne Leitern, einige waagerechte Bretter darauf. Wirklich gefährlich, wenn ich dabei an die Vorschriften meiner Schweizer Unfallversicherung denke!

Victor über mir nimmt die Kamera, denn er ist in besserer Position. Dennoch kann er nicht das ganze Hospitalgelände in einer Totale aufnehmen. Er zögert nicht lange und befiehlt den Jungen, die uns helfen, kurzum eine Reihe von Bäumen zu enthaupten. Wo ist hier das Problem? Ich hätte vorher Harald konsultiert, aber jetzt können wir gute Aufnahmen drehen, wie sie sicher vor uns niemand machen konnte.

Ich drehe hier und dort Szenen, alles ist interessant. Ein Mann mit einem Megaphon dirigiert eine ganze Horde Arbeiter. Sie rammen Bambusstangen in die Erde, um das Festzelt aufzubauen. Jetzt sehe ich Harald: Aufgebracht schreit er einen Unternehmer an; es sieht wie nach Krieg aus. Eigentlich habe ich Skrupel, die Kamera so nahe an die Gesichter zu führen, aber nach dem langen Weg aus Europa sollte ich schon ansprechende Bilder heimbringen. Die Leute murren nicht; sie sind nur etwas befangen. Plötzlich wird mir bewusst wie hoch Haralds Autorität in dieser Gegend ist.

Beim Interview von Harald

Eben hat er mir die Geschichte mit den 100 000 Dollar erzählt, die Gott ihm gab und die den Grundstein zum Hospitalbau bildeten. Nun bitte ich ihn, die ganze Story nochmal zu erzählen – aber diesmal vor laufender Kamera. Mit Victor bereite ich diese Szene gründlich vor; es berührt mich, wie dieser Berufskameramann es genießt, mit meinen hochwertigen Kameras hantieren zu dürfen.

Harald erzählt die Geschichte sicher nicht zum ersten Mal, aber als ich ihn dann bitte, alles noch einmal auf Englisch zu erzählen, wird er in der Mitte plötzlich von einer großen Emotion überwältigt. Die zweite Hälfte ist daher auf Englisch nie entstanden, da er um 16 Uhr mit Victor und dem Fahrer nach Freetown zurückfahren muss.

Die nächsten Tage beschäftige ich mich mit Interviews und Dokumentaraufnahmen. Um mich wird immer hektischer gearbeitet, denn die Zahl der Tage bis zur Hospitaleinweihung durch den Staatspräsidenten nimmt rasant ab.

Das Leben im Haus des mächtigen Dr. Sesay ist ganz speziell. Meistens gibt es keinen Strom und kein Wasser, aber dafür werde ich von der Gemahlin des Doktors verwöhnt. Sie sagt mir, ihre einzige Aufgabe wäre es, ihrem Mann das Essen zuzubereiten. Ich habe die größte Mühe ihr beizubringen, dass ich nur die Hälfte der Mengen ihres Mannes essen kann und deshalb auch nur die Hälfte wiege. Dies ist ihr egal, denn sie rückt freundschaftlich noch näher an meine Seite – etwas zu nahe sogar – um mir beinahe wie einem Kleinkind Mut zum Weiteressen zu machen. Mit einem teilnahmsvollen, halb bedauernden Blick nimmt sie schlussendlich selbst einen Löffel und beginnt damit, liebevoll und sich aufopfernd aus meinem Teller zu essen. Wenn sie mir jetzt noch einen mütterlichen Kuss auf die Stirn geben würde, wird mich das nicht einmal mehr erstaunen.

Für meine Dreharbeiten muss ich genau planen. Bei Dr. Sesay läuft der Stromgenerator von 19 bis 22 Uhr – und dann sollten die Akkus geladen sein – wenn nicht, stehen die Kameras still und ich kann genauso gut abreisen.

Nach vielen, sehr eindrücklichen Erlebnissen ist der 27. Januar angebrochen. Nachts höre ich Dr. Sesay seinen Vortrag zur Einweihung mit lauter Stimme immer wieder repetieren. Um 7 Uhr läuft bereits der Generator. Im Salon hat er eine Art Computer aufgestellt und jemand trommelt darauf. Es ist Victor, der Kameramann, der in der Dunkelheit die Rede Dr. Sesays mit zwei Fingern einhackt. Dann kommt noch sein Bruder und zusammen gebären sie den so wichtigen Vortrag, der in knapp drei Stunden auf den Staatspräsidenten und die 400 geladenen Gäste wirken soll.

Mist! – nach 20 Minuten gehen die Lichter aus. Jemand hat den Generator abgestellt und der arme Victor hat seinen Text nicht abgespeichert. Jemand rennt und er beginnt von neuem. Ich weiß, dass auch der Drucker ein Problem hat und frage mich, wie das alles noch ausgehen soll. Ich schütte Victor eine Tasse Kaffee ein und dränge dann darauf, in das Hospital zu fahren, um meine Kameras richtig einzurichten.

Gestern sah ich überall Frauen, die ihre Haare pflegten. Daher steigen heute alle Frauen der Belegschaft in den Krankenwagen, der sie ins Hospital bringt. Alle haben wunderbare, fliegende neue Frisuren.

Auf dem Platz vor dem Hospital sind über Nacht Hunderte von Stühlen „gewachsen" und die beiden versprochenen Fahnen thronen ganz hoch auf einem Mast. Als ich die Kameras installiere, entdecke ich, dass die große unter der Hitze oder der Feuchtigkeit gelitten hat. Der blaue CCD-Umwandler versagt und das Bild wird definitiv gelb – und damit unbrauchbar. Ich kenne diese Panne. Unser gesamtes Drehkonzept fällt damit ins Wasser. Sofort muss ich handeln; die kleine HDV-Kamera wird fix installiert und ich muss mit Victor des Öfteren die Kamera wechseln.

Immer mehr Leute kommen. Die rund 30 Gardesoldaten üben nochmals den Empfang – wie in einer Operette. Das ist wohl notwendig, denn ich habe beim ersten Versuch des braven Soldatentrompeters gehört, wie sein verbeultes Signalhorn explodierte, als er hineinblies, sodass ich vor lauter Lachen nicht mehr korrekt filmen konnte. Aber es wird wunderbar wirken, denn wenn es ernst wird, urteilt man nur noch positiv. Dazu kommt die Verstärkeranlage, die so kriminell eingestellt ist, dass die Lautstärke die Schmerzgrenze weit übersteigt.

Jetzt kommen von weitem die Tänzer mit ihren wunderbaren Masken – sehr eindrucksvoll. VIPs begrüßen sich untereinander – viele unnötige Worte. Dr. Sesay sieht in seinem delphingrauen Gewand mit Krawatte schön wie ein Minister aus. Er schwitzt bereits; er gestikuliert, schreit, gibt letzte Befehle, widerruft sie, lacht den Damen zu – und macht seine organisatorische Arbeit sehr gut.

Jetzt Achtung: Der Staatspräsident kommt an – in einem Konvoi mit zehn Limousinen. Ein potenzieller Mörder hätte Mühe, die richtige herauszufinden.

Die Parade beginnt. Der prestigegeladene Präsident steigt aus wie ein normaler Mensch und erklimmt einen Hocker. Nachdem das Signalhorn wieder explodiert ist und die kleine – wir würden sagen – Folklore-Band die Nationalhymne gespielt hat, die die Lautsprecher beinahe sprengt, beginnt er, mit einer kleinen Rede seine Armee zu loben.

Jetzt geht er zu den Soldaten und spricht mit jedem, schüttelt sogar ihre Hände. Und dann ist die Reihe an den VIPs: einige Minister, Harald und seine Schweizer Delegation, darunter jetzt auch der Schweizer Vizepräsident der SSLDF Jean-Claude Boand. Jeder möchte die Hand des Präsidenten schütteln. Harald – wohl seit 15 Jahren das erste Mal in Anzug und Krawatte – redet am längsten mit ihm; oder ist es umgekehrt? Die ganze noble Gesellschaft nimmt auf der Plattform Platz. Die Palmenblätter der Pergola reichen bis in die Augen der hohen Persönlichkeiten runter.

Um dem Gegenlicht auszuweichen, positioniere ich mich ein bisschen seitlich; ich glaube, dies ist optimal, da auch die Fernsehkameraleute und die Fotografen hierher kommen. Meine Kamerapanne hat Konsequenzen; ich muss improvisieren: kein Mikro in der Nähe der Sprecher, daher kein Direktton, nur der aus den miesen Lautsprechern.

Und nun beginnen die Reden: Zuerst ein Imam, der alle lange segnet. Seine Stimme donnert aus den Lautsprechern wie von einer großen Moschee herunter. Er vertritt die Muslime in Sierra Leone, die 60 Prozent der Bevölkerung ausmachen. Ich hörte, dass dieser Anteil falsch sei, da die Behörden auch alle Analphabeten als Muslims zählen.

Aber dieser Segen reicht noch nicht, jetzt kommt eine weibliche Pfarrerin, die die Versammelten noch im Namen Christi segnet. So geht es immer weiter. Langsam werden die Lautsprecher humaner; der Techniker hat anscheinend eine Lösung gefunden.

Von den zehn Ansprachen sind es die von Harald und die von Jean-Claude Boand, dem Schweizer SSLDF-Vizepräsidenten, die am meisten Beifall bekommen – Harald mit der fantastischen Geschichte über die Entstehung des Hospitals und Jean-Claude mit seinem starken französischen Akzent in seinem nicht existierenden Englisch. Auch Dr. Abd Sesay mit seiner in der Nacht geschmiedeten Rede gefällt den Leuten mit seiner geistreichen Art sehr gut.

Nun kommt eine Unterbrechung der Ansprachen mit einem überraschenden Laientheater, das dramatische Krankensituationen aufführt und dabei herumdüst und schreit. Anschließend kommt die Ansprache des Präsidenten. Seine Exzellenz nimmt eine politische Stellung zu der neuen Medizinalstruktur in Makeni ein, die ihm das reiche Europa hier vor die Füße legt. Er ist ehrlich und sogar gerecht und erwähnt ausführlich den großen Einsatz und Verdienst Haralds; er hebt ihn sogar beinahe auf die Höhe seiner eigenen Person. Jemand hatte schon vorher die Anwesenden ermutigt, „Bravo, Harald!“ zu rufen. Nun lädt der Präsident selbst alle ein, mit ihm in den Chor „Bravo, Harald!“ einzustimmen! Welch eine Geste!

Dann beginnt die Besichtigung des Hospitals. Ich habe die größte Mühe, meine Kamera in dem Gewühl dorthin zu bringen, wo sie hingehört. Noch schnell Nelly mit dem Präsidenten aufnehmen und schon ist er weg. Das Hospital ist eingeweiht und muss jetzt sein Leben allein in die Zukunft finden.

Die Einfahrt zum Magbenteh Community Hospital

Nach diesem aufregenden und ereignisreichen Freitag waren wir froh, dass der Sabbat kam, und wir uns alle von dem Stress der letzten Tage etwas erholen konnten.

Karin und ich nutzten die Zeit, um uns mit Dr. Fred Nederlof und seinen Kollegen zu unterhalten und sie nach ihren Eindrücken zu fragen. Fred war vom ersten Moment an begeistert und versicherte uns, dass – selbst wenn Daan Dura uns nicht weiterhelfen

Der Innenhof des Magbenteh Community Hospitals

Der Eingang des Verwaltungsgebäudes

würde – er in den Niederlanden versuchen würde, Wege zu finden, um unsere Hilfsorganisation SSLDF finanziell zu unterstützen.

Leider konnten die Besucher aus der Schweiz und den Niederlanden nur kurze Zeit bleiben und ich blieb zurück mit der Ungewissheit, wie es mit dem Hospital weitergehen würde.

Übersicht über den ganzen MCH-Komplex

Was wir noch alles brauchten

Das ganze Hospital funktionierte nun (bis auf das Gästehaus). Die Poliklinik lief schon länger auf Hochtouren. Viele Patienten kamen; die Hälfte von ihnen mussten wir gratis behandeln, weil sie die Arztkonsultationen nicht bezahlen konnten. Im Moment hatten wir etwa 25 Angestellte, darunter zwei einheimische Ärzte, die alle bezahlt werden mussten. Da wir nicht in der Lage waren, ihnen am Anfang einen landesüblichen Lohn zu zahlen, erklärte ich ihnen unsere momentane Situation. Daraufhin akzeptierten sie einen geringeren Lohn.

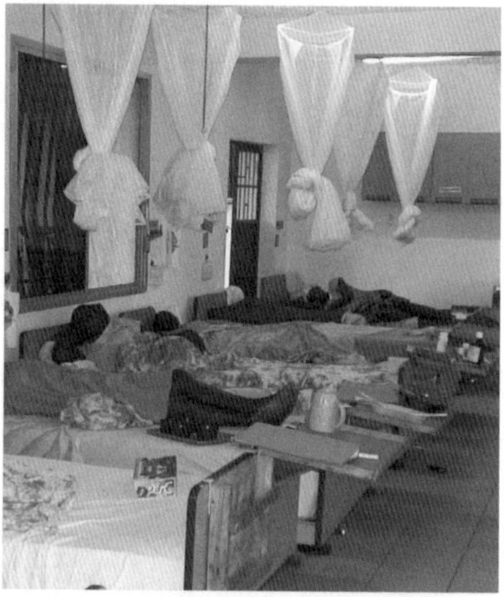

Nach der Eröffnung des Hospitals hatten wir 100 Betten und ein OP-Gebäude. Wir brauchten mehr qualifiziertes Personal: Ärzte, Krankenschwestern, Hebammen, Laboranten, Röntgenassistenten. Das Gelände war 6 Hektar groß und wir benötigten Gärtner und Leute, die sich um die Instandhaltung der Gebäude kümmerten, und auch Wachpersonal. Außerdem brauchten wir dringend einen Verwalter, damit die weitere Infrastruktur aufgebaut werden konnte.

Aber außer den spärlichen Einnahmen der Poliklinik hatten wir keinerlei Einnahmen. Kurz gesagt fehlte es an fast allem. Trotzdem war ich weiterhin zuversichtlich. Ich erklärte den Angestellten die momentane Situation, die sie auch verstanden und sie waren bereit, etwas ihrerseits dazuzutun. Es gab nur eines in diesem Moment, was wir tun konnten: beten, vertrauen und hoffen.

Gott hatte uns bis hierher auf so wunderbare Weise geholfen und deshalb waren wir in Magbenteh sowie unsere Schweizer Gruppe überzeugt, dass er es auch weiterhin tun würde.

Und das tat er, wie das folgende Kapitel zeigt.

Kapitel 12

Eine solide Finanzierung für alle Projekte

Unser Programm zur Unterstützung des Schulbesuchs von armen Kindern wuchs. Die Sekretärin Cyrillia Wilson im SSLDF-Büro in Freetown bemühte sich, alle nötigen Informationen an Karin weiterzugeben, um weitere Sponsoren in der Schweiz zu finden.

Da diese Aufgabe eine zusätzliche Belastung für Karin gewesen wäre, suchte sie dringend jemanden, dem wir das Hilfsprogramm übergeben konnten. Sie konnte Anne Prisco, eine Chefsekretärin bei der Firma Tupperware in Nyon, dafür begeistern. Die übernahm diese Arbeit als freiwillige Mitarbeiterin. Anne brachte sofort Ordnung in unser System und fand weitere Paten. Heute wird etwa 150 Kindern durch dieses Programm eine Schulbildung ermöglicht. Viele von ihnen besuchen die adventistische Grundschule in Makeni. Die Klassen sind überfüllt, wie das Bild zeigt.

Viele Schüler haben natürlich in der Zwischenzeit ihre Schulzeit absolviert. Oft begegne ich jungen Leuten, die mich fragen, ob ich sie nicht mehr erkenne. Wenn ich es dann verneine, sagen sie mir, dass SSLDF ihre Schulausbildung bezahlt hat und sie dank dessen eine Arbeit bekommen haben. Es macht mir große Freude zu hören, wie vielen Kindern wir schon helfen konnten.

Das Hauptproblem blieb natürlich die Finanzierung des laufenden Betriebs des Hospitals, denn – wie erwähnt – können viele Patienten die Behandlungsgebühren, die ohnehin schon 60 Prozent unter denen des katholischen Hospitals liegen, nicht bezahlen, und wir wollten keine bedürftigen Patienten wegschicken. Zum Glück sind die Behandlungskosten viel niedriger als in europäischen Ländern. So kostet uns eine typische Operation, gefolgt von einem 7-tägigen Aufenthalt im Hospital nur etwa 100 Dollar. Dennoch beliefen sich die Betriebskosten – umgerechnet auf jedes Gebäude – auf etwa 15 000 Dollar jährlich.

Das Leitungskomitee von SSLDF kam auf die Idee, für jedes Gebäude einen Sponsor zu suchen. Einen fanden wir schon vorher, ein weiterer entschied sich dazu während der Einweihungsfeier. Das war ein guter Anfang, aber das Hospital umfasste nicht nur zwei, sondern neun Gebäude.

In unserer Gruppe in der Schweiz spürten wir immer wieder das Wirken Gottes. Wir bekamen erneut eine Spende und konnten damit das Gästehaus fertigbauen lassen. Auch die drei Container mit dem so dringend benötigten medizinischen Material kamen im Laufe des März und April endlich in Sierra Leone an.

Dr. Fred Nederlof und seine beiden Kollegen berichteten nach ihrer Rückkehr nach Rotterdam Daan Dura von dem, was sie in Magbenteh gesehen und erlebt hatten. Im April 2006 rief Fred mich an. Er teilte mir freudig mit, dass er die ersten 100 000 Dollar für den Unterhalt des Hospitals bekommen hatte. (Woher er das Geld bekam, erzählte er uns nie.) Welch eine Freude und Dankbarkeit nach monatelangem Warten! Die Afrikaner brachten ihre Freude mit Tanz, Gesang und Händeklatschen zum Ausdruck. Für alle war es ein denkwürdiger Tag.

Die Unterstützung durch Fred Nederlof und Daan Dura

Das war noch nicht alles, was Fred mir berichtete. In der Zwischenzeit hatte er sich viele Gedanken gemacht, wie er uns auf Dauer helfen könnte, und war sehr aktiv gewesen. Fred gründete eine humanitäre Hilfsorganisation, die Lionheart Foundation (LHF). Sein privates Unternehmen gab er auf, um sich ausschließlich dieser neuen Aufgabe zu widmen. Er stellte zwei Damen ein, Martina und Simone, die drei Tage in der Woche für ihn arbeiteten. Sie halfen ihm nicht nur bei der Büroarbeit, sondern auch bei der Suche nach Sponsoren für das Hospital in Sierra Leone.

Aus den Niederlanden kamen Anthony van Moorsel (Toine genannt), unser erster Verwalter, und Dr. Annekoos Wiersinga als erste weiße Ärztin mit ihrem Mann Sebastian, einem Ingenieur, der Verantwortlicher für die Instandhaltung der Gebäude wurde. Fred und sein Team arbeiteten hart, um das alles zu ermöglichen. Das war ein großer Segen.

Im Juli 2006 flog ich in die Schweiz zurück. Die Überraschungen gingen weiter. Ende August hatte ich meinen 65. Geburtstag und Daan Dura lud Karin, Kerstin und mich nach Rotterdam ein. Wir flogen nach Amsterdam, wo wir bei Dr. Charles Bossevain und seiner Frau übernachteten. Am nächsten Morgen ging es dann mit dem Auto nach Rotterdam.

Beim Brunch bei Daans Tochter Marietta trafen wir ihn selbst mit seiner Frau, einige Freunde der Familie, Fred und dessen Frau, die beiden Chirurgen Dr. Boissevain und Dr. Wittens, die mit ihm in Sierra Leone gewesen waren, sowie Martina und Simone, Freds Angestellte.

Nach dem Essen wurden wir alle in den Salon gebeten, wo Fred die Anwesenden offiziell im Namen von Daan Dura begrüßte. Daraufhin kam Fred auf den Hauptgrund unseres Treffens zu sprechen: Daan Dura hatte sich bereiterklärt, die ersten 300 000 Dollar für die Unterhaltung des Hospitals zu spenden, aber seine Spende war an eine Bedingung geknüpft: Er bestand darauf, dass ich noch weitere fünf Jahre in Sierra Leone bleiben müsste, um sicher zu sein, dass alles seinen rechten Weg ging.

Ich hatte einen dicken Kloos im Hals und war den Tränen nahe. Ich war ergriffen von dem Geschehen und der Fürsorge Gottes und bedankte mich bei den Anwesenden für ihre Hilfe und das Vertrauen, das sie in uns setzten, bat aber um Bedenkzeit für meine Antwort. Ich hatte nämlich Karin in den vergangenen Jahren mehrfach versprochen, dass ich mit Beendigung des Hospitalbaus und der Sicherung der Unterhaltungskosten mit 65 Jahren nach Hause kommen würde. Daher wollte ich erst mit Karin und Kerstin darüber sprechen.

Daan Dura lud uns zu einer Party am Abend in seinem Club ein und gab mir bis dahin Bedenkzeit. Was sollte ich nun tun?

Am Nachmittag unternahmen wir mit Dr. Fred Nederlof und seinen Angestellten eine Hafenrundfahrt und besichtigten Rotterdam, fanden dabei aber auch Zeit, um über das Geschehen des Tages nachzudenken und darüber zu sprechen. Ich war bereit weiterzumachen, wenn Gott mir die Kraft und Gesundheit gab, aber wie sahen das Karin und Kerstin? Ich hoffte, dass Gott mir die richtige Entscheidung zeigen würde.

In Anbetracht der großzügigen Hilfe für das Hospital, die mir angeboten wurde, ermutigten mich beide, auf die Bedingung von Daan Dura einzugehen. So nahm ich sein Angebot an.

Wir fuhren noch in der gleichen Nacht mit Dr. Charles Boissevain nach Amsterdam und schliefen nach den vielen positiven Erlebnissen unruhig. Am nächsten Morgen flogen wir in die Schweiz zurück. Das Ganze war ein wunderbares Geburtstagsgeschenk und ich dankte Gott von ganzem Herzen dafür.

Finanzierung des Zentrums für unterernährte Kinder

Die „Action contre la faim“ (ACF) investierte viel, um in der alten Schule, die beim Kauf bereits auf dem Hospitalgelände stand, ein Zentrum einzurichten, um unterernährte Kinder wieder gesundheitlich aufzubauen.

Wir hatten inzwischen 50 Kinder aufgenommen, aber es kamen immer mehr dazu. So wurde ein weiterer Raum an die Schule angebaut, sodass wir bis zu 60 Kleinkinder aufnehmen konnten.

Damit stiegen die Kosten. Wir bemühten uns in diesem ersten Jahr, mit Fred Malardeau vom ACF Partner und NGOs zu finden, die uns helfen würden, in Zukunft die Kosten zu tragen. Es war nicht leicht und als ACF im Dezember 2005 völlig aus dem Projekt ausstieg, hatten wir nur einen Sponsor für die nächsten sechs Monate.

Gott ließ uns auch hierbei nicht im Stich. Daan Dura wollte, dass seine Tochter im September 2006 Sierra Leone besuchte, um das Hospital und das Zentrum für unterernährte Kinder kennenzulernen. Sie war von dieser Reise zunächst nicht sehr angetan, entschloss sich aber dennoch zu kommen. Da ich seit Mitte 2004 fast ständig in Sierra Leone war, konnte ich sie und Dr. Fred Nederlof in Magbenteh empfangen.

Nachdem sie die unterernährten Kinder gesehen hatte, war sie – wie jeder Andere – so ergriffen von ihrem Elend und Zustand, dass sie spontan zusagte, die Kosten für das darauffolgende Jahr zu übernehmen. Nach dem Ablauf dieses Jahres sponserte sie sogar noch ein weiteres Jahr. Eine große Last fiel damit von unseren Schultern. Man kann das nur begreifen, wenn man diese hungernden Kinder gesehen hat.

Tanz und Musik für die Besucher des Ernährungszentrums für Kinder

Dr. Abd Sesay versuchte seit der Übernahme des Zentrums für unterernährte Kinder von der „Action contre la faim" (ACF) mit dem Kinderhilfswerk der Vereinten Nationen (UNICEF) in Kontakt zu kommen. Einige Male begleitete ich ihn und die Verbindung wurde mit der Zeit immer besser. Wir verhandelten über die Unterstützung des Hospitals, aber speziell über die Unterstützung für die unterernährten Kinder. Wir hatten große Hoffnung, dass UNICEF uns helfen würde.

Die Finanzierung des Kirchenbaus

Während der gesamten Bauzeit des Hospitals dachte ich oft über das Versprechen nach, das wir zusammen mit dem Sponsor Valentin (er ist gläubig und in seiner protestantischen Kirche sehr engagiert) am Anfang unserer Besprechungen Gott gegeben hatten: Wir wollten ihm nach Beendigung des Hospitalbaus aus Dankbarkeit eine Kapelle bauen.

Ich war – wie erwähnt – im Juli und August 2006 in der Schweiz. (In der Zeit fand auch der Besuch bei Daan Dura statt.) Im Juli saßen Hanni, Karin und ich mit Valentin zusammen. Ich berichtete ihnen von allem, was sich bis dahin in Magbenteh zugetragen hatte. Wie immer zeigte er sich sehr interessiert.

Er hatte uns schon so viel finanziell geholfen, dass ich mich nicht traute, ihn auf den Kapellenbau anzusprechen. Aber nach unseren Berichten, Fotos und kurzen Videofilmen war er so begeistert, dass er uns fragte: „Und wie sieht es jetzt mit dem Kirchenbau aus?"

Ich antwortete ihm, dass wir oft daran gedacht hätten, aber die benötigten Finanzen nicht besaßen. Er fragte, ob wir schon einen Bauplan mit Kostenvoranschlag hätten. Der Bauplan existierte schon seit einiger Zeit, aber der Kostenvoranschlag war wegen der ständig ansteigenden Preise des Baumaterials noch nicht errechnet.

Valentin wollte, dass wir ihm auf schnellstem Wege den Bauplan mit einem Kostenvoranschlag zukommen ließen. Nach mehreren Telefongesprächen mit unserem Bauleiter Siaka in Sierra Leone bekamen wir per E-Mail den Kostenvoranschlag und schickten ihn per Post mit dem Bauplan an Valentin.

Kurze Zeit später kam das Einverständnis von ihm, dass er auch die Finanzierung des Kirchenbaus übernehmen würde. Gott ist so großartig und wir konnten nur immer wieder seine Fürsorge bestaunen. Somit planten wir den Baubeginn für Februar/März 2007.

Als ich im September 2006 nach Sierra Leone zurückkam, konnte ich den Fortschritt im Hospital sehen, der durch die Lionheart Foundation (LHF) gekommen war. Anthony van Moorsel als Verwalter und Finanzmann brachte die notwendige Struktur ins Hospital. Dr. Annekoos Wiersinga organisierte als Ärztin die medizinische Seite und ihr Mann Sebastian kümmerte sich um die technischen Angelegenheiten. Das Hospital war immer voll belegt und die Poliklinik war von morgens bis abends überlaufen.

Das Projekt der Palmölfabrik

Bereits als Fred Nederlof Anfang 2006 das erste Mal nach Magbenteh gekommen war, hatte er Überlegungen angestellt, wie man in Sierra Leone selbst finanzielle Mittel für die Unterhaltungskosten des Hospitals erwirtschaften könnte. Als er die vielen Palmen sah, kam ihm die Idee, eine Ölfabrik zu bauen, um Speiseöl zu gewinnen, aus dem Überschuss Biodiesel zu produzieren und aus den letzten Resten Seife.

Abd fuhr damals mit Fred nach Yele, einer kleinen Stadt im Zentrum Sierra Leones, 60 Kilometer von Magbenteh entfernt, um ihm seinen Geburtsort zu zeigen. Dort befindet sich eine adventistische Grund- und Mittelschule, die auch Abd besucht hatte. Seine Eltern besitzen dort ein kleines Haus mit einem Stück Land. Während der Fahrt dorthin war Fred beeindruckt von den kilometerlangen Palmenhainen und meinte, das wäre der rechte Ort, um neue Palmen anzubauen, vielen Farmern Mikrokrediten zu gewähren und ihnen die Früchte abzukaufen.

Die Palmölfabrik wurde tatsächlich gebaut und im November 2008 eingeweiht. 3000 Farmer wurden unter Vertrag genommen. LHF gab ihnen Mikrokredite, die nötigen Arbeitsgeräte und Palmensetzlinge, die aus verschiedenen Ländern (Ghana, Honduras und Thailand) importiert wurden.

Nach heutigem Stand bringen aber nur 800 Farmer ihre Früchte zur Fabrik und damit befindet sich die Produktion in roten Zahlen. Somit konnte der Plan, mit dem Gewinn der Palmölfabrik den Unterhalt des Hospitals zu finanzieren, nicht verwirklicht werden.

Unterstützung durch den Rotary Club Nyon-La Côte

Lange Zeit davor, im Jahr 2000, musste Hanni wegen Zahnschmerzen zu ihrem Zahnarzt. Nach der Behandlung erzählte sie ihm von ihrer Reise nach Sierra Leone. Er hörte aufmerksam zu und sagte: „Ich bin Mitglied im Rotary Club Nyon-La Côte. Wenn Sie wollen, könnte ich versuchen, die Mitglieder zu einem Treffen mit Herrn Pfeiffer einzuladen. Dann können Sie dort von Ihren Erlebnissen berichten.“ (Die Rotary Clubs sind die ältesten unter den sogenannten Service Clubs; es gibt inzwischen 32 000 in 166 Ländern.)

Der Rotary Club von Nyon-La Côte (zwischen Lausanne und Genf gelegen) war mit Referenten sehr ausgebucht, sodass es einige Zeit dauerte, bis wir einen Termin bekamen. Als es so weit war, sagte mir der Vorsitzende: „Sie haben 15 Minuten für Ihren Bericht.“ Ich war es gewohnt, Vorträge über unsere Arbeit zu halten, und musste mich daher wirklich auf das Wichtigste konzentrieren. Die Clubmitglieder waren begeistert von dem, was sie hörten und stellten viele Fragen. So wurden wir im Rotary Club bekannt.

Die Rotarierin Annelies Monnier, unsere Apothekerin aus Gland, machte den Anfang mit einer Sammelaktion: Kleidung, Bettwäsche fürs Hospital, Kinderspielzeug, Stofftiere und vieles mehr. Das hatte einen guten Erfolg und wurde während der Jahre, in denen wir Container nach Magbenteh schickten, wiederholt. Nach einigen Monaten wurde ich wieder zu einem Vortrag im Rotary Club eingeladen, um von der Weiterentwicklung des Bauprojektes zu berichten. Danach nahm Christian Skroeder Kontakt mit mir auf. Er war zu der Zeit der Leiter der weltbekannten Firma Tupperware in Europa, Afrika und dem Nahen Osten; daher kannte er die Verhältnisse in Afrika. Er hatte Interesse an unserem Projekt und wollte uns weiterhelfen. Wir trafen uns des Öfteren abends und überlegten, in welcher Form er dies tun könnte.

Er, Candid Peyer und Peter Frey sind hervorragende Direktoren und Manager in der Geschäftswelt. Sie organisierten verschiedene Aktionen in ihrem Club und unterstützten damit den Baufortschritt des Hospitals. Christian Skroeder schlug uns vor, mit ihrem Club einen internationalen „Matching Grant" zu organisieren. Dabei wird das gespendete Geld von der Rotary Foundation verdoppelt.

Candid, der eher im Hintergrund arbeitet, ist die Zugmaschine, die man braucht, wenn etwas auf lange Dauer Bestand haben soll! Er ist unermüdlich dabei, Kontakte zu knüpfen und Leute zu begeistern, unser Hospitalprojekt in Magbenteh zu unterstützen. Er selbst spendete zwei Geländewagen, die wir im Hospital dringend brauchten, unterstützte aber uns auch finanziell.

Im November 2007 bekamen wir das erste Mal durch den Matching Grant 30 000 Dollar. Um der „Swiss Sierra Leone Development Foundation" den Scheck zu überreichen, kamen sechs Mitglieder des Rotary Clubs Nyon-La Côte im März 2008 nach Magbenteh, um sich selbst einen Eindruck zu verschaffen und sich zu überzeugen, dass das Geld in ihrem Sinne für medizinische Zwecke verwendet wurde.

Die Rotarier des Clubs Nyon-La Côte vor dem Kinderhaus mit Logo (vorne links Christian; rechts stehend Peter und Candid außen)

Harald mit Candid auf dem Gelände in Magbenteh

Im Frühjahr 2010 hatte sich der Matching Grant mehr als verdoppelt, auf 77 000 Dollar! Um diesen Scheck zu überreichen, kam Candid mit drei anderen Rotary Club-Mitgliedern Anfang Dezember für fünf Tage nach Magbenteh.

Nach der Lionheart Foundation ist der Rotary Club Nyon-La Côte unser zweitgrößter Sponsor geworden. Was Zahnschmerzen für positive Folgen haben können!

Neue Wohnungen für Angestellte

Das Gästehaus des Hospitals, das in der Zwischenzeit fertiggestellt worden war, bestand aus sechs Zimmern mit Bad, einem großen Aufenthaltsraum, einer Essecke und einer Küche. Die Zimmer waren sehr schnell von den ausländischen Angestellten belegt und somit gab es keine Gästezimmer mehr für Besucher.

Im Januar 2007 bekamen wir erneut eine Woche lang Besuch von unserem niederländischen Freund Fred Nederlof, der mit einem Sponsorenehepaar kam. Gemeinsam entschieden wir, eine Reihe von Bungalows im L-Stil mit vier Wohnungen bauen zu lassen. Jede Wohnung sollte zwei Schlafzimmer, ein Wohnzimmer, Küche und Bad haben, sodass auch Ehepaare ihren Bereich für sich haben konnten. Im Beisein von Fred und den Sponsoren steckten wir den

Grund gegenüber dem Gästehaus ab. Fred übergab mir die Pläne mit dem Versprechen, das Geld zu schicken und so konnten wir Ende Februar 2007 den Bau des Wohngebäudes starten.

Nach dessen Grundsteinlegung im März konzentrierten wir uns gleichzeitig auf den Kirchenbau. Zu der Grundsteinlegung kamen mehrere Pastoren, um für das gute Gelingen zu beten. Zu unserer freudigen Überraschung kam auch Anthony van Moorsel dazu – unser Verwalter. Er verabschiedete sich einige Tage später von uns, da seine Zeit in Magbenteh um war und wir einen Ersatz bekamen.

Probleme mit dem neuen Manager

Fred Nederlof engagierte Mees als neuen Verwalter.[6] Er war nicht der gleiche Menschentyp wie sein Vorgänger, denn er hatte eine fast 40-jährige Berufskarriere in der holländischen Armee hinter sich und wurde mit 55 Jahren im Rang eines Oberst pensioniert.

Vor meiner Abreise in die Schweiz im April übergab ich ihm den im Rohbau fertiggestellten Wohnblock. Von seinem Vorgänger war er in die Belange des Hospitals und des Ernährungszentrums eingearbeitet worden.

Nach meiner Rückkehr gab es in meiner Beziehung zu Mees eine Wende. Er war von Fred während meiner Abwesenheit zum General Manager befördert worden und ließ mich nun an Entscheidungen, die das Hospital betrafen, nicht mehr teilhaben. Er tat so, als wäre es ein LHF-Projekt. Aussprachen verbesserten die Lage nicht. Auch diesbezügliche Gespräche mit Fred scheiterten, da er Mees völlig in dessen Ansichten unterstützte. Ich gab mir Mühe, ruhig zu bleiben und die Situation zu akzeptieren, da Freds Lionheart Foundation der Geldgeber war.

Die Eröffnung der Physiotherapieabteilung

Die Physiotherapieabteilung war immer noch nicht eröffnet, da wir bisher noch keine Therapeuten als Volontäre gefunden hatten.

6 Der Name ist ein Pseudonym aus Gründen, die bald deutlich werden.

Karin versuchte es nun in der Klinik La Lignière bei meinen ehemaligen Kollegen – mit Erfolg: Gleich drei frisch diplomierte Physiotherapeutinnen meldeten sich für sechs Monate Dienst.

Karin, Rosa und Christel kamen im Oktober 2007 an und fingen sofort eifrig an, die Physiotherapieabteilung mit dem vorhandenen, zwar ausrangierten, aber noch gut erhaltenen Material einzurichten, das die Klinik La Lignière zur Verfügung gestellt hatte.

Es war nur noch ein Zimmer im Gästehaus frei. Die drei erklärten sich bereit, erst einmal in einem Zimmer zu wohnen; man stellte ein drittes Bett hinein. Sie mussten wegen des Zimmermangels darin drei Monate lang auf engem Raum wohnen. Das ging gut, bis zwei von ihnen Malaria bekamen. Mit der zunehmenden Hitze war es unmöglich, dass zwei Kranke auf so engem Raum lebten.

Ich wollte mit Mees darüber reden, aber seine kurze Antwort war: „Misch dich nicht in meine Sachen ein, denn *ich* bin hier der General Manager."

Auch ich besaß ein Zimmer im Gästehaus. Ich überlegte nicht lange und mietete mir außerhalb des Hospitals in der näheren Umgebung ein Zimmer. Meines überließ ich einer der Therapeutinnen.

Kerstin (Mitte) mit den Therapeutinnen (v. l.) Christel, Karin und Rosa

Die drei deckten mit der Eröffnung der Physiotherapieabteilung einen großen Bedarf ab. Im Hospital gab es viele Kranke, die Behandlungen benötigten; dazu kamen Hunderte von ambulanten Patienten aus der Umgebung (manche sogar aus Freetown).

Die Heilung eines gelähmten Mädchens

In einem kleinen Restaurant in Makeni, in dem ich des Öfteren aß, berichtete man mir von einer Bettlerin, die Kinderlähmung hatte und deren elfjährige Tochter schon seit einem Monat gelähmt auf dem Erdfußboden lag und unbedingt Hilfe benötigte. Ich sagte den Leuten: „Ich kümmere mich schon um so viele kranke Menschen, die auf meine Hilfe angewiesen sind, und kann mir nicht noch mehr aufladen."

Aber jedes Mal, wenn ich wieder in dieses Restaurant zum Essen ging, sprach man mich darauf an. So machte ich mich eines Tages auf, um mir das Mädchen anzusehen. Ich fand ein Häufchen Elend vor. Mariatu war ausgemergelt und konnte nur noch schwach ihre Arme bewegen. Von der Mitte des Oberkörpers bis zu den Füßen war sie total gelähmt.

Alle Anwesenden schauten erwartungsvoll auf mich. Ich machte einige Tests mit ihr und entschied, sie sofort mit mir ins Hospital zu nehmen. Dort übergab ich sie den Ärzten und Krankenschwestern zur Untersuchung und sagte wieder einmal – wie schon so oft: „Ich komme für die Kosten auf."

Sie machten alle möglichen Tests und nach fünf Tagen erfuhr ich die Diagnose: Tuberkulose der Wirbelsäule. Das war schlimm, aber es gab dennoch Hoffnung. Sie bekam Medikamente, und als ich sie zwei Monate später wiedersah, saß sie in ihrem Bett. Danach sah ich sie täglich in der Physiotherapieabteilung – zuerst im Rollstuhl und dann das erste Mal stehend am Gehbarren.

Die Besserung ging zügig weiter. Als Nächstes bekam sie Achselkrücken, dann normale Gehstöcke, und zum Schluss ging sie ohne Stöcke! Die Behandlung zog sich über fünf Monate hin. Schließlich kam der Tag, an dem Mariatu mich von weitem kommen sah, auf mich zu rannte und mir um den Hals fiel. Da konnten wir beide wie auch die drei Therapeutinnen, die dahinter standen, die Tränen nicht mehr zurückhalten. Welch eine Freude!

Das Mädchen konnte nun nach Hause entlassen werden. Wir nahmen sie in unser Schulprogramm auf und heute führt sie ein ganz normales Leben.

So konnten die Physiotherapeutinnen Karin, Rosa und Christel während ihres sechsmonatigen Aufenthaltes vielen Menschen helfen, eine bessere Lebensqualität zu erhalten. Sie bildeten auch Henry, der bereits im Hospital arbeitete, als Helfer aus und leisteten eine hervorragende Vorarbeit für alle ihre Nachfolger.

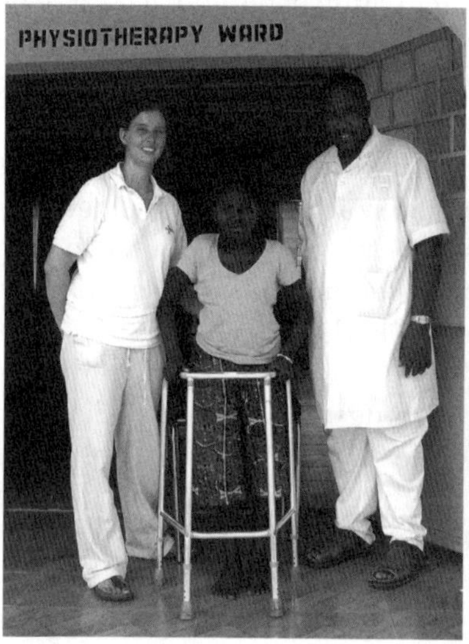

Mariatu mit der Therapeutin Annelies und Dr. Abd Sesay

Ein kleiner Patient der drei mit improvisierter Prothese

Abgelöst wurden sie von Annelies und Elenoor, holländische Physiotherapeutinnen, die ebenfalls für sechs Monate nach Magbenteh kamen. Seitdem arbeitete Henry, der in der Zwischenzeit viel gelernt hat, allein in der Physiotherapieabteilung. Durch die Bemühungen von einer der drei ersten Therapeutinnen, kamen im Oktober 2010 erneut zwei Physiotherapeutinnen, Myriam und Deborah, aus der Schweiz als Volontäre für sechs Monate in unser Hospital.

Bericht von Karin, Rosa und Christel

Während unserer physiotherapeutischen Ausbildung in Lausanne hatte unsere Freundschaft untereinander begonnen. Im Anschluss an einen Lehrgang über humanitäre Arbeit fragten wir uns selbst: Warum nicht auch wir?

Deswegen begannen wir, ein Projekt zu suchen, in dem wir uns engagieren konnten. Es war nicht einfach, eines zu finden. Nur Harald Pfeiffer hat uns Vertrauen entgegengebracht und unsere Bedingungen akzeptiert: uns kostenlos unterzubringen und zu ernähren und insbesondere uns drei nicht zu trennen!

Sein Projekt, eine Physiotherapiestation in seinem „eigenen" Krankenhaus in Sierra Leone zu eröffnen, kam uns sehr entgegen. Er hat uns schnell überzeugt, und wir ließen uns engagieren. Unser Zeugnis in der Tasche, von überschwänglicher Motivation beflügelt, sind wir in einem der ärmsten Länder der Welt angekommen – aber ehrlich gesagt nicht ganz ohne Angst!

Die erste Prüfung war die Konfrontation mit dem feuchtheißen Klima am Ende der Regenzeit. Mehr oder weniger akklimatisiert mussten wir uns noch daran gewöhnen, unter diesen Bedingungen zu arbeiten. Zur Hitze kamen noch die Gerüche hinzu, die nachteiligen Bedingungen der Patienten, die Tränen, aber auch die Freuden, wie auch alles, was von nun an unser Leben während dieser sechs Monate Aufenthalt in Magbenteh prägte.

Während der Zeit lernten wir auch das Krankenhauspersonal, die Kultur von Sierra Leone, die Lebensart und die Sprache – ein afrikanisiertes Englisch – kennen. Eine wahre Lebensschule! Außerdem mussten wir die Verwaltungsarbeiten des Dienstes organisieren wie den Dienstplan, die Tarife [für die Behandlungen], die Dokumente, die Zusammenarbeit mit den Ärzten usw.

Nachdem wir mehr oder weniger eingespielt waren, haben wir ein neues Ziel in Angriff genommen: eine fähige, einheimische Person einzustellen und auszubilden, die auf lange Sicht den Dienst allein durchführen kann. Nach drei Monaten Theorie und Praxis und vielen Stunden Studium hat Henry sein Examen bestanden, das wir speziell für ihn zusammengestellt hatten. Seine Ausbildung geht aber noch weiter dank der anderen Physiotherapeuten, die uns abgelöst haben.

Von Henry begleitet haben wir andere Krankenhäuser und Pflegeeinrichtungen besucht, um uns bekanntzumachen und eine weitere Zusammenarbeit einzurichten. Zunächst haben wir Einrichtungen im nahen Makeni besucht und schließlich die Kreise bis nach Freetown, der Hauptstadt, ausgedehnt. Unsere hauptsächlichen Mithelfer waren und sind weiterhin das orthopädische Zentrum von Makeni, Mercy Ships, Handicap International und The National Rehabilitation Center. Sie haben entweder Material gestiftet oder zu Henrys Ausbildung beigetragen.

Nach fünf Monaten war unser Ziel erreicht: Der Physiotherapiedienst des Hospitals funktionierte!

Und wir? Afrika hat seine Spuren bei uns hinterlassen: Kleidung, Frisur, Tanz, Ausdrücke … Und besonders hat unser Afrikaaufenthalt durch diese unvergessliche Erfahrung unsere bereits sehr tiefe Freundschaft noch gesteigert.

Schweren Herzens und übervoll mit Erlebnissen haben wir die Schlüssel der Physiotherapiestation der neuen Physiotherapeutin übergeben, aber schon mit dem Gedanken, eines Tages für ein neues Projekt wiederzukommen.

Karin, Christel und Rosa (im Bild von links) *im Sommer 2008*

Kapitel 13

Neubau eines Ernährungszentrums für Kinder

Das Problem mit Mees, dem General Manager, blieb unverändert. Er erledigte weiterhin alles im Alleingang. Als Dr. Sesay und ich einmal nach Freetown fuhren, um Gespräche mit UNICEF (dem Kinderhilfswerk der Vereinten Nationen) bezüglich des Ernährungsprogramms für Kleinkinder (Therapeutic Feeding Center, abgekürzt TFC) zu führen, fuhr Mees mit uns mit. Nachdem er die zuständigen Leute kennengelernt und Kontakte geknüpft hatte, führte er auch hier die folgenden Verhandlungen im Alleingang.

Die Situation wurde immer angespannter und für alle Mitarbeiter untragbar. Zusammen mit den Pastoren und einigen Gemeindegliedern baten wir Gott im Gebet, uns eine Lösung zu zeigen, und übten uns in Geduld.

Ich erfuhr, dass die Lionheart Foundation (LHF) zusammen mit UNICEF ein ganz neues Ernährungszentrum bauen wollte, da das alte zu klein geworden war und immer mehr unterernährte Kleinkinder kamen. Die Baukosten sollten zwischen LHF und UNICEF geteilt werden. Daneben sollte ein großes Depot gebaut werden – die eine Hälfte für UNICEF –, das als Auslieferungslager für den ganzen Norden Sierra Leones dienen sollte. Die Pläne dafür wurden von einem niederländischen Architekten angefertigt. SSLDF wurde nur kurz von Mees unterrichtet, wo er das alles auf unserem Gelände hinbauen lassen wollte. Er war voll in seinem Element. Der Bau des neuen Ernährungszentrums begann Ende 2007; zugleich wurde auch das Lagerhaus gebaut.

Fred Nederlof schickte uns mehr und mehr Angestellte – diplomierte Fachkräfte aus den Niederlanden. So kamen Bernard Krisifoe als Oberkrankenpfleger, Johan Luijting als Buchhalter und etwas später dessen Frau Margot, die im Ernährungszentrum mitarbeitete.

Han Smith, von Beruf Lehrer, kam im Januar 2007 mit seinem Onkel Dr. Charles Boissevain auf einer Autoreise durch Nordwestafrika mit uns mit. Er war so begeistert, dass er beschloss, im Oktober 2007 mit seiner Frau für sechs Monate zu uns ins Hospital nach Magbenteh zu kommen und für SSLDF/LHF zu arbeiten. Er bildete die Farmer in Yele für den Anbau von Palmen aus (die bereits erwähnte Palmölfabrik wurde dort gerade gebaut). Seine Frau Jifke arbeitete im Hospital im Kinderhaus als Krankenschwester. So wurde die Zusammensetzung in den Wohnhäusern allmählich rein niederländisch.

Die vertraglich festgelegte Dienstzeit von Dr. Annekoos und Sebastian Wiersinga ging zu Ende und sie flogen daher Ende 2007 nach Hause. Sie wurden durch Bart und Karla Hugen ersetzt, ein Ärzteehepaar aus den Niederlanden, das aber bereits in Südafrika gearbeitet hatte. Etwas später kam ein zweites Ehepaar aus den Niederlanden, Dr. Karin Feddes und ihr Mann Daan, der nun für die Instandhaltung der Gebäude und die Logistik zuständig war.

Die Probleme mit dem Manager eskalieren

Ein Hauptproblem bestand darin, dass es Mees ein Dorn im Auge war, dass wir auf dem Gelände eine Kapelle bauen ließen. Wenn es nach ihm ginge, sollten wir eine hohe Mauer zwischen dem Hospital und dem Kirchengebäude bauen.

Jeden Morgen fand im Verwaltungsgebäude eine fünf- bis zehnminütige Andacht mit den Angestellten und einigen Patienten statt, die gern dazu kamen. Doch Mees wollte nicht, dass am Morgen im Hospital gebetet wird, da dies in die Arbeitszeit fiel. Das ging uns dann doch zu weit und war vollständig gegen unsere christlichen Prinzipien.

Wir konnten seine Vorgehensweise nicht länger akzeptieren, denn das Hospital war gebaut worden, um Menschen zu helfen und Gott die Ehre zu geben. Und nun erlebten wir, dass gewisse Leute die Gegenwart Gottes in unserem Hospital nicht haben wollten.

Aus diesen verschiedenen Gründen wurde das Beratungskomitee des Krankenhauses (Advisory Board) zu einer Sondersitzung einberufen. Normalerweise kam es viermal im Jahr zusammen. Es bestand ausschließlich aus Afrikanern, doch ich wurde regelmäßig dazu eingeladen.

Die Mitglieder beschlossen, den Verwalter seines Postens zu entheben und ihn nach Hause zu schicken, da man keine Möglichkeit der Zusammenarbeit mehr sah. Es gab heiße Diskussionen, aber am Ende war ich der Einzige, der dagegen stimmte. Seine Zeit war ja in Kürze zu Ende und ich wollte keinen Unfrieden stiften. Deshalb wurde zum Schluss entschieden, dass er den Bau des neuen Ernährungszentrums und des Lagerhauses zu Ende führen und erst dann gehen sollte. Sein Arbeitsvertrag lief im März 2008 aus, wurde aber für die Fertigstellung der Bauten um drei Monate verlängert.

David Beckhams Besuch des Hospitals

Am Samstag, dem 18. Januar 2008, erlebte die ganze Belegschaft des Krankenhauses in Magbenteh eine Überraschung: Der weltbekannte englische Fußballstar David Beckham, der Botschafter für UNICEF war, kam auf seiner Reise durch Sierra Leone nach Magbenteh, um speziell unser Zentrum für unterernährte Kinder zu besuchen. Es war ein großes Ereignis für die ganze Gegend.

Beckham verbrachte mehrere Stunden auf dem Gelände. Er war sehr an diversen Aspekten der Behandlungen interessiert und sprach ausführlich mit dem medizinischen Personal. Er ging auch sehr ungezwungen mit den Kindern um. Die Geschichte eines jeden Kindes, die man ihm erzählte, berührte ihn sehr, besonders die des kleinen Foday, den er dann während seines weiteren Rundganges ständig auf dem Arm hielt.

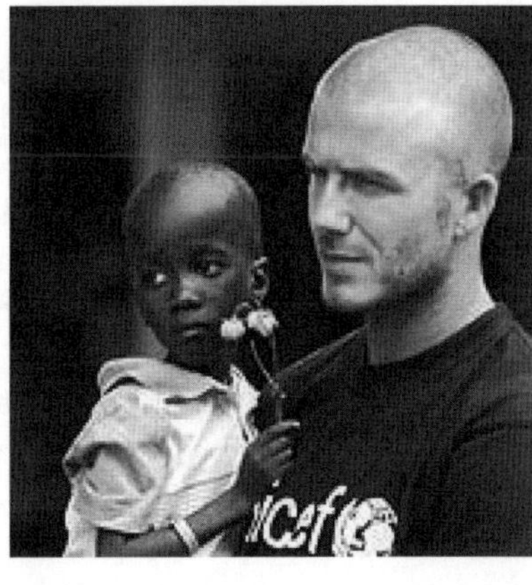

Foday hatte mit seinen Eltern in einem kleinen Dorf gewohnt, bevor er ins Hospital kam. Um den Lebensunterhalt zu verdienen, fertigte seine Mutter Seife an. Dazu wird Ätznatron benötigt, das meist in Flaschen aufbewahrt wird. Unglücklicherweise hatte Foday davon getrunken und sich seine Speiseröhre verätzt. Als er in einem jämmerlichen Zustand in unser Ernährungszentrum kam, wurde er von allen bemitleidet und bald das „Vorzeigekind" für alle Besucher.

Nach dem Gang durch das Ernährungszentrum spielte David Beckham sogar mit den beiden lokalen Schülermannschaften Fußball. Für die sportbegeisterten Kinder wurde ein Traum Wirklichkeit.

Am Ende ihres Besuches dankten David Beckham und Geert Cappelaere, der Repräsentant von UNICEF, allen Mitarbeitern in Magbenteh für ihre hervorragende Arbeit.

Wir freuten uns sehr, dass ein kleines afrikanisches Landkrankenhaus eine so große Rolle in der UNICEF-Kampagne für unterernährte Kinder spielte. Es war nur zu hoffen, dass die Kinder von Sierra Leone die wahren Nutznießer des Besuchs von David Beckham sein würden.

Zurück zu Foday. Wir versuchten, ihm mithilfe des Rotary Clubs Nyon-La Côte eine Operation zu ermöglichen. Rotarier nahmen Kontakt mit einem Spezialisten am Universitätskrankenhaus von Lausanne auf und der war bereit, die schwierige Operation durchzuführen. Es gab auch einige anonyme Sponsoren für die Kosten, aber die ganze Organisation nahm so viel Zeit in Anspruch, dass sie in Magbenteh nach einer anderen Lösung suchten.

Dr. Bart Hugen, zu der Zeit der Arzt im Hospital, entdeckte dann im Internet ein großes Kinderkrankenhaus in Toronto und einen kanadischen Hilfsfonds, der ausländischen Kindern nötige Operationen bezahlte. Er nahm mit beiden Kontakt auf und bekam eine spontane Zusage. Selbst die Flugkosten wurden durch andere Hilfsfonds übernommen. Nachdem die nötigen Papiere für Foday ausgestellt waren, wurde er von einer Kanadierin abgeholt und in Toronto erfolgreich operiert. Er lebte einige Monate bei der kanadischen Familie und kam dann zurück ins Dorf in Magbenteh. Er besucht nun eine Schule der SOS-Kinderdörfer in Makeni und kann heute ein normales Leben führen.

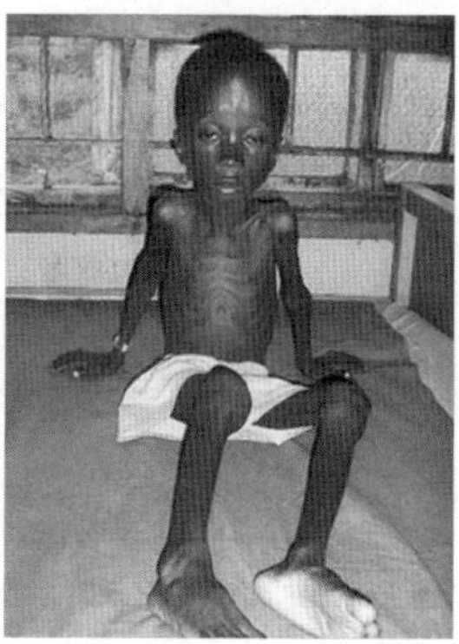

Foday bei seiner Ankunft im TFC

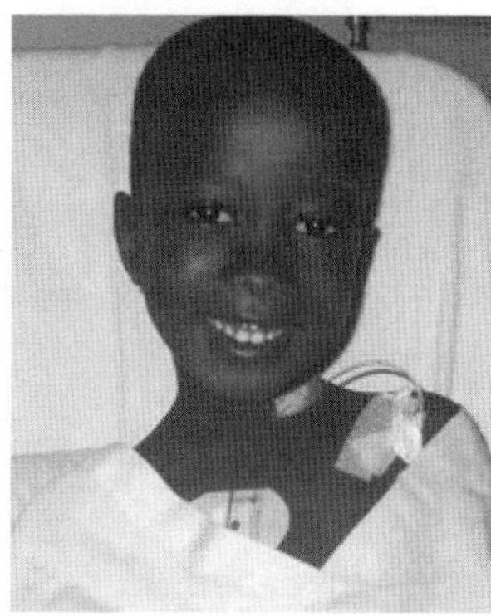

... und 5 Tage nach seiner OP

Die Einweihung der Kapelle

Ein weiteres freudiges Ereignis war, dass der Bau der Kapelle dem Ende zuging. Die Einweihung war für Anfang März 2008 geplant. Wir erwarteten meine Frau Karin, meine Tochter Kerstin und unsere Buchhalterin Nelly, die dabei sein wollten.

14 Tage vor der Einweihung wurde für die ganze Region eine Evangelisation gestartet, zu der wir einen adventistischen Evangelisten, Michael Koroma aus Freetown, einluden.

Da unser Hospital offiziell der „Swiss-Sierra Leone Development Foundation“ gehörte, gehörte folglich auch das Kirchengebäude auf dem Gelände dazu. Der Vorsteher der adventistischen Mission in Sierra Leone fragte mich, wie wir mit der Kapelle vorgehen wollten, da sie ja einer Religionsgemeinschaft gehören müsste.

Ich rief Karin in der Schweiz an, um sie zu bitten, mit unserem Sponsor Valentin darüber zu reden. Ihre freudige Antwort war, dass Valentin gerade bei ihr zu Besuch sei und ich selbst mit ihm sprechen könne. Ich erklärte ihm die Situation und fragte ihn, ob er damit einverstanden wäre, wenn wir das Kirchengebäude der Adventgemeinde übergeben würden. Er stimmte dem sofort zu.

Daher überschrieb SSLDF die Kapelle der Kirche der Siebenten-Tags-Adventisten. Wir gaben ihr den Namen: „THE LORD OUR HOPE“ (Gott – unsere Hoffnung).

In Anbetracht des Geldmangels der adventistischen Kirche in Sierra Leone mussten wir aber jegliche Kosten übernehmen, das hieß: einen Pastor einstellen und dazu einen Praktikanten, der ihm behilflich sein sollte, sowie eine dritte Person, die für die Reinigung und Instandhaltung der Kirche zuständig war. Für diese drei Personen mussten die Gehälter aufgebracht werden, dazu noch das Geld für alle laufenden Kosten.

Unsere Tochter Kerstin hatte sich schon seit vielen Jahren für die Aktivitäten unserer Kirche in Sierra Leone engagiert. Sie hilft sieben adventistischen Pastoren im Norden Sierra Leones und bessert deren schmalen Lohn auf. Nun erklärte sie sich auch bereit, die Adventgemeinde in Magbenteh und deren Pastor zu unterstützen.

An ihrem Arbeitsplatz nutzt Kerstin die Gelegenheit, um mit ihren Kunden während der Fußpflege über unsere Arbeit in Afrika zu reden. Sie brachte uns viele Sponsoren, die unser Werk mit Spenden unterstützen. So hat jeder in unserer Familie seine Aufgabe darin gefunden und trägt seinen Teil dazu bei. Karin und ich sind Gott dankbar, dass auch unseren beiden Kindern das Wohl anderer Menschen sehr am Herzen liegt.

Von meinem Freund Harri Seel und Spendern aus Hamburg bekamen wir Geld, um einen großen Teil der Einrichtung der Kapelle bezahlen zu können. Meine Schwester Gudrun spendete ein Keyboard, eine Gitarre und vier Flöten.

Nach der zweiwöchigen Evangelisation, die am 28. Februar endete, war alles vorbereitet für die Einweihungsfeier am 1. März. Als Höhepunkt war eine Tauffeier geplant.

Es wurde ein großes, freudiges Erlebnis. Hunderte kamen: die Angestellten, Patienten des Hospitals und einige Mütter aus dem Ernährungszentrum. Aus der Nachbarschaft kamen verschiedene einheimische Gruppen, die mit ihrem rhythmischen Gesang die Zeremonie begleiteten und diesen besonderen Sabbat miterlebten. Wer in der Kapelle keinen Platz mehr fand, konnte unter einer extra dafür errichteten Pergola vor der Kapelle über Lautsprecher die Einweihungsfeier verfolgen.

Vorne im Saal war ein Taufbecken eingebaut worden, in dem an diesem Sabbat 120 Menschen getauft wurden – hauptsächlich die Frucht der Evangelisation. Lobpreis und Dank stieg zu unserem großen Gott auf. Es war für alle ein unvergessliches Erlebnis.

Dieser ersten folgten inzwischen zwei weitere Taufen, eine im Jahr 2009, die andere 2010, mit je etwa 40 Täuflingen. Die nächste Taufe mit etwa 20 Täuflingen ist für November 2011 geplant.

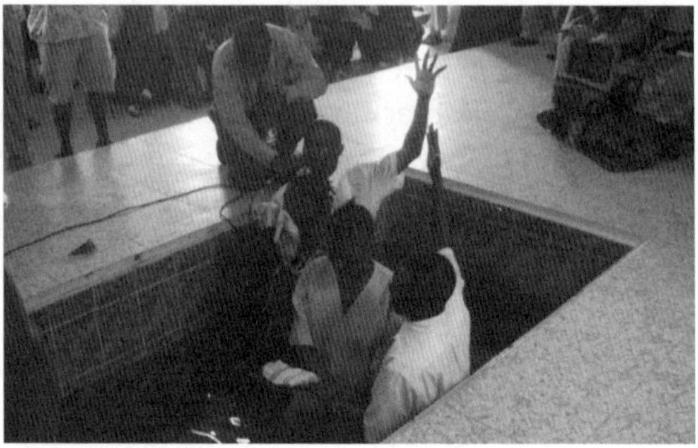

Die ersten Taufen in der neuen Kapelle

Die Einweihung des neuen Ernährungszentrums

Das nächste große Ereignis in Magbenteh war die Einweihung des neuen Ernährungszentrums für Kinder und des Lagerhauses im Juni 2008. Der Gesundheitsminister von Sierra Leone kam, viele Verantwortliche von UNICEF (darunter Geert Cappelaere) und Dr. Fred Nederlof mit einigen Freunden aus den Niederlanden.

Die Einweihung des neuen Ernährungszentrums (in der Mitte der Gesundheitsminister, rechts Geert Cappelaere)

Danach wurde der bisherige Manager - wie mit ihm vereinbart – verabschiedet. Anthony van Moorsel wurde erneut der Verwalter und das Verhältnis zwischen SSLDF und LHF normalisierte sich.

Das Gebäude des neuen Ernährungszentrums

Das neue Ernährungszentrum, das nun Räumlichkeiten für 100 Kinder hatte, war schnell belegt. Das kam vor allem dadurch, dass wir nach Verhandlungen mit UNICEF einen Toyota HiLux Pick-up (mit Doppelkabine) und vier Motorräder bekamen. Damit konnten auch weit entfernte Dörfer erreicht und die unterernährten Kinder in das Zentrum gebracht werden. Wir hatten speziell geschultes Personal für sie, darunter die Krankenschwester Margot, die Frau des Buchhalters Johan Luijting.

Die Kapazität des Ernährungszentrums war für 100 Kinder ausgelegt, aber es gab auch Zeiten, in denen es bis zu 140 Kinder aufnehmen musste. Dazu kam für jedes Kind eine Begleitperson, sodass es manchmal 280 Personen zu versorgen galt! Die Mittel von SSLDF reichen natürlich für so viele Mäuler nicht aus. Deswegen unterstützt uns UNICEF auch heute noch zusammen mit dem Welternährungsprogramm der Vereinten Nationen (UN-World Food Programme, WFP).

Seit 2009 gibt es im Ernährungszentrum ein neues Projekt für Kinder unter fünf Jahren, die ohne Bezahlung medizinisch behandelt werden. Täglich kommen ungefähr 100 Mütter mit ihren Kindern zur ambulanten Behandlung. Sie werden untersucht und bekommen Medikamente. Nur die schwersten Fälle werden im Hospital stationär aufgenommen.

Eine Solarlichtanlage aus Deutschland

Als ich 2006 in der Schweiz war, rief mich der pensionierte Pastor Johannes Tonhäuser aus Bergisch-Gladbach an. Wir kannten uns nicht, aber er erklärte mir, dass er von unserer Arbeit in Sierra Leone gehört hatte und die Arbeit von ADRA in Sierra Leone unterstütze. Er fragte mich, ob wir uns bei seiner nächsten Reise nach Sierra Leone sehen könnten.

Das ergab sich dann im folgenden Jahr, als er mit Erich Schillberg aus Uelzen und Gabi und Herbert Kropf von Lörrach für kurze Zeit in Sierra Leone weilte. Herbert ließ sich bei dieser Gelegenheit am Strand von Freetown im Atlantik von Johannes Tonhäuser taufen. Sie unterstützten das kleine adventistische Hospital in Waterloo, einem Vorort von Freetown, das zu dieser Zeit von Dr. Elmer Ribero und dessen Frau geführt wurde. Da Waterloo auf dem Weg nach Makeni liegt, vereinbarten wir, sie mitzunehmen, wenn ich nach Makeni fuhr. Sie waren sehr beschäftigt und hatten wenig Zeit.

Auf meiner nächsten Fahrt von Freetown nach Magbenteh kamen sie mit, benutzten aber das Auto von Dr. Ribero. Nach unserer Ankunft zeigte ich ihnen unser Hospital, und sie waren begeistert. Erich fragte mich spontan: „Womit können wir euch helfen?"

Ich antwortete ihm: „Wir brauchen einen Palava Hut, wo die Patienten hauptsächlich am Abend, zusammensitzen und miteinander reden können." Als sich die vier nach zwei Stunden verabschiedeten, versicherte mir Erich, dass er das Geld dafür beschaffen würde.

Es war der Beginn einer neuen Freundschaft. Von Zeit zu Zeit telefonierte ich mit Erich. Einmal fragte er mich: „Was hältst du davon, wenn wir euch für das gesamte Hospital eine Solarlichtanlage einrichten würden?" Ich war vollauf begeistert von dieser Idee, denn wir hatten nachts kein Licht. Unser Generator lief nur zwischen 19 und 22 Uhr, da der benötigte Dieselkraftstoff zu teuer war. Wir fertigten einen Plan an vom gesamten Hospital, allen Hausgrößen und den Entfernungen zwischen den Häusern.

Erich hatte einen Freund, Fred Berlin aus Wittingen; beide Ingenieure. Sie sind des Öfteren mit Johannes Tonhäuser in Lesotho gewesen, wo sie viel für ADRA getan haben. Erich erzählte Fred von uns und fragte ihn, ob er bereit wäre, mit ihm zusammen diese Stromanlage auf unserem Hospitalgelände zu installieren. Nach dessen Zustimmung begannen sie, daran zu arbeiten.

Zuerst musste natürlich das nötige Geld aufgetrieben werden. Pastor Tonhäuser telefonierte manchmal mit mir und sagte, dass wir weiter dafür beten müssten, denn das gesamte Projekt käme auf 150 000 Dollar. Das meiste Material wurde von verschiedenen Firmen gespendet, darunter 50 Solarmodule von Solar World. Mit dem erhaltenen Material konnten Erich und Fred einen großen Container füllen und nach Sierra Leone schicken.

Erich und Fred kamen am 23. September 2008 in Sierra Leone an und waren anwesend, als der Container in Magbenteh eintraf, um ihn zu entladen. Darin befanden sich die 50 Solarmodule, mehrere Hundert Meter Kabel und anderes Material zur Errichtung der Solarlichtanlage. Als alles im Lagerhaus verstaut war, begannen sie mit der Kabelverlegung von Haus zu Haus. Verteilerdosen, Lichtschalter, Lampen – alles wurde von ihnen installiert.

Die Entladung der Container mit den Solarmodulen

Uwe Barge, ein Automechaniker, hatte sich Erich und Fred angeschlossen und war mitgekommen. Er kümmerte sich in dieser Zeit um unsere Fahrzeuge. Zwei Wochen später reiste er mit der Absicht ab, bald wiederzukommen.

Nach drei Wochen harter Arbeit stellten Erich und Fred fest, dass einiges notwendige Material fehlte. Deshalb mussten sie leider unverrichteter Dinge abreisen. Es dauerte eine lange Zeit, bis die Arbeiten wieder aufgenommen werden konnten – zum einen wegen Geldmangels, um die benötigten Batterien zu kaufen, zum anderen, weil sich Fred zwei Operationen unterziehen musste.

Im Februar 2009 konnte endlich der Container mit dem benötigten Material losgeschickt werden. Erich und Fred buchten ihren Flug für März. Es war wieder so geplant, dass der Container zur gleichen Zeit mit ihnen ankommen sollte. Auch Uwe wollte mitkommen.

Die Batterien für die Stromanlage

Doch auch dieses Mal stellten Erich und Fred bald fest, dass einige wichtige Teile fehlten. Daher mussten sie erneut ihre Arbeit unterbrechen und wieder abreisen.

Für die abschließenden Arbeiten trafen die beiden am 14. Juni ein. Als sie am 12. Juli wieder abreisten, funktionierte die Anlage tatsächlich! Es herrschte eine große Freude darüber. Viele Angestellte kamen zu ihnen, umarmten sie und bedankten sich für diese enorme Bereicherung.

So bekamen wir im ganzen Hospital Tag und Nacht über Strom. Die Computer funktionieren nun dauernd und die Patienten, die in der Nacht Sauerstoff brauchen, können beatmet werden. Welch ein Segen der modernen Technik!

Kapitel 14

Der Bau eines Dorfes für Poliokranke

Dr. Fred Nederlof von der Lionheart Foundation besuchte Karin und mich im September 2007 in der Schweiz. Unter anderem erzählte ich ihm auch von dem immer noch wartenden Projekt, ein Dorf für Poliokranke zu bauen. Er hörte sich alles an und fragte nach den eventuellen Kosten. Nach unseren Berechnungen kamen wir auf 300 000 Dollar! Er wollte in den Niederlanden versuchen, die Summe für dieses Projekt aufzutreiben.

Im November 2008 kam Fred erneut nach Magbenteh. Karin war auch gerade einige Wochen lang da, und so saßen wir oft mit ihm und Anthony zusammen, um etwas miteinander zu besprechen.

An einem Abend sagte mir Karin: „Morgen haben wir ein Meeting mit Fred und Anthony, um über die Belange des Hospitals zu sprechen. Fred hat außerdem eine Überraschung für dich.“ Sie wollte mir aber nicht sagen, worum es ging.

Am nächsten Nachmittag nach unserem Meeting eröffnete mir Fred, dass er die ersten 150 000 Dollar bekommen hatte und wir mit dem Bau des Dorfes für Poliokranke beginnen könnten.

Ich kann dieses tief empfundene Glücksgefühl nicht beschreiben, das sich erneut einstellte. Gottes Wirken und die Gebetserhörungen waren das, was Karin und mir immer wieder Mut machte und die Kraft zum Weitermachen gab.

Ein erneuter Managerwechsel nötig

Unser Verwalter Anthony van Moorsel, der einige Monate zuvor Mees ersetzt hatte, wollte drei Jahre bleiben. Leider konnte er seine Absicht nicht erfüllen, denn er wurde zu stark überfordert, da er für zu viele Projekte verantwortlich war. Da war das neue Hospital in Magbenteh, das Ernährungszentrum, das gepachtete Hospital in Lungi, unser SSLDF-Büro in Freetown und die Ölfabrik in Yele mit allem, was dazugehörte. Es war einfach zu viel für ihn, und so musste er bereits nach sieben Monaten aus gesundheitlichen Gründen sein Engagement wieder aufgeben.

Dr. Fred Nederlof bemühte sich für einen Ersatz in den Niederlanden, und engagierte Jan als neuen Verwalter.[7] Es war erneut ein Mann, der 40 Jahre bei der Armee gedient hatte und mit 55 Jahren im Rang eines Oberst pensioniert worden war.

Bevor Jan die Aufgabe übernahm, kam er auf eine Stippvisite nach Sierra Leone, um sich einen Eindruck zu verschaffen.

Ich lernte ihn Mitte Februar 2009 kennen, als Fred ihn zu mir nach Freetown brachte, um wichtige Punkte betreffs des Hospitals zu besprechen. Ich erklärte Jan den Zusammenhang zwischen SSLDF und LHF und informierte ihn über die Probleme mit Mees in der Vergangenheit. Wir waren uns einig, dass wir nur mit einer guten Zusammenarbeit etwas erreichen könnten. Jan versicherte mir, dass er damit keine Probleme hätte.

So kam er Ende April 2009, nach der Abreise von Anthony, als neuer „General Manager“ nach Magbenteh.

Die Grundsteinlegung für das Poliodorf

Im Januar 2009 organisierten wir erneut eine Tour mit zwei gebraucht gekauften Geländewagen aus der Schweiz durch Nordwestafrika nach Magbenteh. Viktor Tobler begleitete uns. Er hatte 30 Jahre lang in der Klinik La Lignière als Chef der Instandhaltung gearbeitet und war gerade pensioniert worden. Er blieb bis Mitte April in Magbenteh, um die Arbeiten an den Fundamenten des Wohnhauses für die Poliokranken zu leiten und zu überwachen.

Für die Grundsteinlegung im März 2009 luden wir den Vizepräsidenten von Sierra Leone Samuel Sam-Sumana ein, der tatsächlich mit seinem Gefolge kam.

---

[7] Der Name ist ebenfalls ein Pseudonym.

Grundsteinlegung für das Dorf für Poliokranke

Die Fundamente des Poliowohnhauses wurden Ende April fertig. Leider mussten danach die Arbeiten eingestellt werden, da die Lionheart Foundation aus uns unbekannten Gründen die Gelder in den Niederlanden zurückhielt. Wir waren alle in Sorge, wie es mit dem Projekt für die Poliokranken weitergehen sollte, und bemühten uns daher, in der Schweiz Sponsoren dafür zu finden.

Die Bekanntschaft mit Dr. Foday Mac Ballay

Nicht weit entfernt vom Hospital wohnte der Vorsitzende unseres Advisory Boards, Dr. Foday Mac Ballay. Er hatte 19 Jahre in den USA gelebt, wo er einen Doktorgrad in Wirtschaftspolitik erwarb. Nach seiner Rückkehr aus den Vereinigten Staaten zog er nach Magbenteh und wohnte in einer sehr schönen Gegend umgeben von Palmenhainen. Vor seinem Haus hat er eine große Terrasse. Ich besuchte nun oft Dr. Mac Ballay, um gemeinsam zu überlegen, wie es in dieser schwierigen Situation weitergehen sollte. Selbst unser neuer Verwalter Jan holte sich bei ihm Rat und verbrachte manchmal Stunden mit ihm.

Mit Angestellten, denen das Wohl des Hospitals am Herzen lag, bildeten wir ein Komitee. Anfang Oktober 2009 trafen wir uns auf Dr. Mac Ballays Terrasse mit etwa 20 Angestellten. Auch Dr. Hassan Sesay, der die Verantwortung für das Hospital in Lungi trug, und Nash, ein Angestellter vom SSLDF-Büro in Freetown, nahmen an der Besprechung teil.

Nach meiner Einleitung erinnerte ich nochmals an unser Leitmotiv und unsere Mission, den Menschen zu helfen und Gott die Ehre zu geben. Dann stellte ich den Angestellten frei, das Hospital in den Händen unserer „Swiss-Sierra Leone Development Foundation" zu lassen oder es der „Lionheart Foundation" zu übergeben. Sie entschieden einstimmig, das Hospital so weiterzuführen, wie wir es von Anfang an geplant hatten!

Als ich Dr. Mac Ballay näher kennenlernte, erfuhr ich von seinen ernsten körperlichen Beschwerden. Er konnte nicht mehr recht laufen. Ich empfahl ihm zwei gute deutsche Chirurgen, die zu der Zeit in Freetown in einem indischen Hospital das erste Mal Wirbelsäulenoperationen durchführten. Auf einer Konferenz des Gesundheitsamtes hatte ich die beiden kennengelernt.

Dr. Uli Reiniger, ein Orthopäde, und Dr. Zsolt Fekete, ein Wirbelsäulenspezialist, untersuchten Dr. Mac Ballay und stellten fest, dass er nur in Deutschland operiert werden konnte. Er benötigte eine Hüftprothese und eine komplizierte Wirbelsäulenoperation.

Ich besorgte ihm ein Visum und nahm ihn auf meinem Flug im Juni 2009 in die Schweiz bis Brüssel mit. Von dort flog er nach Frankfurt. Dort empfing ihn Dr. Reiniger und brachte ihn in seine Klinik nach Würzburg, wo er ihn an der Hüfte operierte. Danach fuhr Dr. Mac Ballay mit dem Zug nach Bremen, wo ihn Dr. Zsolt Fekete dann an der Wirbelsäule operierte.

Nach den gelungenen Operationen kehrte er dankbar nach Sierra Leone zurück und versicherte mir ständig, dass er heute im Rollstuhl sitzen würde, wenn ich ihm nicht geholfen hätte.

Probleme mit einer Vereinbarung mit LHF

Einige Zeit nach der Grundsteinlegung für das Poliowohnhaus gab es neue Schwierigkeiten. Jan, unser Manager, fragte mich eines Tages: „Hast du eine E-Mail von Fred bekommen?" Als ich das verneinte, ging er zu seinem Computer und kam mit Papieren, einem „Partnership Agreement" zurück, das ich unterschreiben sollte. Es war ein Abkommen zwischen der LHF und SSLDF. Ich begann zu lesen und stellte bereits nach der ersten Seite fest, dass ich es nicht unterschreiben konnte, bevor ich mit unserem Vereinsvorstand in der Schweiz und der Gruppe der afrikanischen Angestellten gesprochen hatte. Jan meinte jedoch, dass ich nicht mit den Anderen darüber sprechen müsste; es wäre nur eine Formsache. Fred brauche diese Papiere für die niederländische Regierung. Wenn ich nicht unterschreiben würde, könnte das weitreichende Konsequenzen haben, sowohl für das Hospital als auch für den Bau des Poliodorfes. Darauf erwiderte ich ihm: „Ich lasse mich nicht von dir erpressen."

Ich nahm diese Vereinbarung mit zu unserer nächsten Zusammenkunft bei Dr. Foday Mac Ballay mit der Gruppe der afrikanischen Angestellten. Es gab nicht einen unter ihnen, der wollte, dass ich die Vereinbarung unterschreibe.

Im Juni 2009 reiste ich dann mit diesen Papieren in die Schweiz, wo wir eine Generalversammlung des Unterstützungsvereins für SSLDF abhielten und die Vorlagen Punkt für Punkt durcharbeiteten. Ich erläuterte allen Anwesenden die Probleme. Auch unter ihnen war niemand, der eine Unterzeichnung befürwortete. Es wurde entschieden, dass ich nach meiner Rückkehr nach Freetown einen Rechtsanwalt konsultieren sollte, der mich über unsere Rechte als NGO aufklären und eine neue Vereinbarung aufsetzen sollte. Fred fragte einige Male per E-Mail an, wie weit wir wären; ich antwortete ihm aber nicht darauf, da wir noch daran arbeiteten.

Familie Pfeiffer endlich wieder einmal beisammen

Mögliche Unterstützung für das Poliodorfprojekt

Da wir annehmen mussten, dass die Lionheart Foundation die 150 000 Dollar für die zweite Hälfte des Poliodorfprojektes nicht mehr zahlen würde, nahmen Karin und ich während meines zweimonatigen Aufenthaltes in Genf Kontakt mit der Addax Petroleum Foundation, der gemeinnützigen Stiftung der 1994 gegründeten kanadischen Ölfirma Addax, auf. (Sie wurde noch im selben Jahr von der größten chinesischen Firma, Sinopec, für 7,5 Milliarden US-Dollar aufgekauft.) Wir wurden zu einem Gespräch nach Genf eingeladen.

Ich erklärte den Verantwortlichen die Situation und bat sie um die fehlenden 150 000 Dollar, um das Poliodorf fertigbauen lassen zu können. Man erklärte uns freundlich, was wir alles tun müssten, um Hilfe von ihnen zu bekommen.

Karin und Jessica Sankala, eine selbstständige Informatikerin, die als Beraterin unseres Vereins fungiert, arbeiteten eifrig daran, die nötigen Formulare auszufüllen. Nachdem die Projektunterlagen eingereicht waren, bekamen wir die Nachricht, dass die Entscheidung erst am 10. Dezember getroffen werden würde und ich unbedingt dabei sein müsste.

Nach meiner Rückkehr nach Freetown im September bemühte ich mich, einen guten Anwalt zu finden. Mir wurde einer empfohlen, der auch einen Sitz im Parlament hatte: Julius Nye Cuffe. Er gab mir einen Termin und ich erklärte ihm unsere derzeitige Situation in Magbenteh. Auch er war dagegen, die von Dr. Fred Nederlof vorgelegte Vereinbarung zu unterschreiben.

Er setzte ein Schriftstück auf, in dem unsere Rechte als Nichtregierungsorganisation klar zum Ausdruck gebracht wurden. Den Artikel 2.7 formulierte er eindeutig: „Gleichgültig, ob eine vorhergehende Konsultation stattgefunden hat oder nicht, hat die Lionheart Foundation kein Recht, der Leitung von SSLDF Anordnungen zu geben oder Vorschriften zu machen. Die Finanzierung einer NGO, um deren Programme durchführen zu können, stellt keinen Freibrief zur indirekten Übernahme der Aktivitäten der besagten NGO dar."

Erneut die gleichen Probleme mit dem Manager

In der Zwischenzeit war die Zahl der Angestellten der Hospitäler in Magbenteh auf 150 und in Lungi auf 50 gestiegen. In Magbenteh spitzte sich die Situation durch Jans militärische Art erneut zu.

Als ich von der Schweiz nach Magbenteh zurückkam, und ihm begegnete, fand ich die gleiche Situation vor wie zwei Jahre zuvor. Ich traf einen komplett anderen Mann an. Viele Angestellte kamen zu mir, um sich bei mir über Jans diktatorische Art zu beschweren. Auch außerhalb des Hospitals sprach man mich auf diese Situation an. Ich spürte, dass es an der Zeit war, etwas zu unternehmen.

Jan hatte viele Pläne und Projekte für das Hospital ausgearbeitet, die er nur mit LHF verwirklichen wollte. Ich sagte ihm: „Das kannst du nicht allein entscheiden, darüber müssen wir uns erst einmal mit SSLDF unterhalten." Er brachte zum Ausdruck, dass er der General Manager sei und somit verantwortlich für das Hospital und dessen Zukunft wäre, und gab mir zu verstehen, dass ich mich aus allem heraushalten sollte.

Ich versuchte ihm nochmals klarzumachen, dass ich sein Vorgesetzter wäre und er nichts auf dem Gelände verändern dürfe, ohne mich oder unsere Organisation zu fragen. Er setzte sich darüber hinweg und unsere Beziehung verschlechterte sich total. Danach wurde mein Verhältnis zu ihm das gleiche wie zu Mees. Ich begann mich ernsthaft zu fragen, ob die Schuld an mir liegen könnte, sagte mir aber immer wieder, dass ich nach Sierra Leone gekommen war, um Menschen zu helfen und Frieden zu bringen – und nicht um Unfrieden zu stiften und Machtkämpfe auszutragen.

Aufklärung durch Dr. Fred Nederlof

Fred kam im Oktober 2009 mit Freunden nach Magbenteh. Ein ganzes Jahr war vergangen, seitdem wir uns gesehen hatten, und ich freute mich, ihn wiederzusehen. Wir trafen uns in einem Nebenraum der Kirche und sprachen zwei Stunden lang miteinander.

Unter anderem erfuhr ich, dass Fred die Vereinbarung, die er im April per E-Mail-Anhang geschickte hatte, lediglich als Entwurf ansah. Er hätte in der E-Mail geschrieben, dass wir alles genau durchlesen sollten, korrigieren und verändern könnten und dann das Dokument ohne Unterschrift an ihn zurücksenden sollten. Das hörte sich natürlich ganz anders an, als Jan es mir vermittelt hatte. Er hatte mir diese E-Mail nie gegeben, sondern nur die als Anhang gesandte Vereinbarung, was leider zu diesen unnötigen Missverständnissen geführt hatte. Fred hatte auch nicht geschrieben, dass es Konsequenzen für das Hospital und das Poliodorfprojekt in Magbenteh hätte, wenn ich nicht unterschreiben würde. Es beruhte alles auf einer falschen Darstellung von Jan.

Fred versicherte mir, dass nach seiner Rückkehr in die Niederlande die vereinbarte Zahlung von weiteren 150 000 Dollar für das Poliodorfprojekt erfolgen würde. (Er hielt Wort und das Wohnhaus konnte weitergebaut werden.) Bei dieser Gelegenheit verabredeten wir auch einen Termin für Mitte Dezember, an dem wir mit der Gruppe der afrikanischen Angestellten zusammenkommen wollten, um die Vereinbarung auszuarbeiten.

Als ich ihnen den Vereinbarungsentwurf des Rechtsanwaltes vorlegte, schien er ihnen für humanitäre Zwecke zu streng formuliert zu sein. Sie verfassten ein neues Schriftstück, das sie per E-Mail an Fred schickten. Er akzeptierte es aber nicht, weil es nicht seinen Vorstellungen entsprach.

Das Treffen mit den Verantwortlichen der Stiftung

Anfang Dezember 2009 flog ich erneut für zwei Wochen in die Schweiz, um auf dem Treffen mit den Verantwortlichen der gemeinnützigen Stiftung der Ölfirma Addax in Genf anwesend zu sein. Karin und Jessica begleiteten mich.

Wir trafen dort Vertreter anderer Nichtregierungsorganisationen und humanitärer Gruppen, von denen jede 20 Minuten Zeit bekam, um ihr Projekt vorzustellen. Als wir an der Reihe waren, wurden wir von sechs Personen an einem runden Tisch empfangen, die uns viele Fragen stellten. Es war eine entspannte Atmosphäre, und als die Zeit um war, mussten wir warten, bis alle Vertreter angehört worden waren.

Danach wurden wir zu einem Cocktail eingeladen, wo sich alle näher kennenlernen konnten. Es war sehr interessant, mit Vertretern so vieler verschiedener Gruppen zu sprechen. Als wir nach Hause fuhren, hatten wir ein gutes Gefühl.

Schon wenige Tage später – ich war bereits wieder zurück in Sierra Leone – bekamen wir die Nachricht in unser Schweizer Büro, dass SSLDF unter den Auserwählten war und das fehlende Geld für die zweite Bauphase des Poliodorfes bekommen würde. Aufs Neue waren wir alle von tiefer Dankbarkeit erfüllt.

In wessen Hände soll das Hospital kommen?

Noch im Dezember traf ich mich erneut mit der Gruppe unserer afrikanischen Angestellten, sowie Fred und Jan. Fred gab uns zwei Möglichkeiten zur Auswahl. Die eine bestand darin, dass die Lionheart Foundation beide Krankenhäuser (das in Lungi und das in Magbenteh) komplett für fünf Jahre übernehmen würde. Er verlangte aber alle Rechte, dort zu tun, was immer sie wollten. Die zweite Möglichkeit bestand darin, unser SSLDF-Hauptbüro in Freetown mit qualifizierten Leuten zu besetzen, unter anderen mit einem Landesdirektor, einem Geschäftsführer, einem Projektmanager, einem Buchhalter und einer Sekretärin. Die Lionheart Foundation würde aber dafür keine Kosten übernehmen (was sie bis jetzt getan hatte).

Die erste Variante wurde von allen abgelehnt; wir entschieden uns für die zweite. Daher musste ein neuer Gesprächstermin im Februar 2010 festgelegt werden.

Für unser Büro in Freetown bezahlten wir 8000 Dollar Miete pro Jahr. Um dieses Geld einzusparen, überlegten wir, ob wir es nach Magbenteh verlegen sollten. Dort haben wir unser eigenes Gelände, und die Kosten für den Neubau eines Gebäudes mit vier Büroräumen und einem Konferenzsaal betrugen nur etwa 25 000 Dollar. Aber wo sollten wir dieses Geld hernehmen?

Ich fragte im SSLDF-Büro in der Schweiz an und bekam bald die Antwort, dass ein Kunde von Kerstin bereit wäre, uns dieses Geld zu spenden. Dann telefonierte ich mit Viktor Tobler und fragte ihn, ob er bereit wäre, erneut als Baumeister für drei Monate zu kommen. Er besprach das mit seiner Frau, die ihr Einverständnis gab. So kam er im Februar, um diese Aufgabe zu übernehmen.

Viktor Tobler (kniend) bei der Vorbereitung des Baus des neuen Bürogebäudes mit Mitarbeitern, ganz links Dr. Abd Sesay

Das Bürogebäude wurde tatsächlich innerhalb von drei Monaten fertiggestellt und im Mai in Betrieb genommen.

Dr. Fred Nederlof kam ebenfalls – wie verabredet – im Februar 2010 erneut nach Sierra Leone. Wir waren vorbereitet, an der Vereinbarung zu arbeiten, aber leider hatte er keine Zeit für uns. So wurde das Treffen auf später verschoben.

Da Jans Arbeitsvertrag mit SSLDF Ende März auslief, kam er mit einem neuen Vertrag zu mir, den er selbst geschrieben hatte – mit dem Briefkopf von SSLDF. Darin stand, dass ich „mit Freude" seinen Arbeitsvertrag ein weiteres Jahr verlängern würde. Er wollte dafür meine Unterschrift haben.

Ich fragte ihn erstaunt: „Woher weißt du, dass es für mich eine Freude ist, dich weiterhin als Manager zu behalten?", und lehnte die Unterschrift ab.

Aufs Neue kamen wir mit der Gruppe der afrikanischen Angestellten bei Dr. Mac Ballay zusammen und entschieden, Jan keinen neuen Arbeitsvertrag zu geben. Als er davon erfuhr, reagierte er zornig, wurde ausfallend und konnte sich nicht mehr kontrollieren. Er meinte, wenn SSLDF keinen Nachfolger für ihn hätte, würde LHF nicht akzeptieren, das Hospital ohne Manager zu lassen.

Was sollten wir nun tun? Wir hatten tatsächlich keinen Nachfolger für ihn. Aber Gott hatte sicher einen!

Dr. Don Kelly als Retter in der Not

Zur gleichen Zeit kamen unsere beiden Pastoren der Adventgemeinde in Magbenteh und der Pastor der Gemeinde in Makeni zu mir, um mir Dr. Don Kelly vorzustellen. Er wurde in Jamaika geboren, hatte in England Medizin studiert und in verschiedenen Ländern praktiziert. Er fühlte sich aber mehr und mehr zur Naturheilkunde und der Präventivmedizin hingezogen. Nach seiner Pensionierung reiste er daher in der Welt umher, um Menschen zu lehren, wie man etwas für seine Gesundheit tun kann. Dr. Don Kelly ist ein tiefgläubiger Adventist und ein guter Redner.

Als die Pastoren mit ihm zu mir kamen, war ich gerade auf dem Weg zu einem Termin und musste sie auf ein anderes Mal vertrösten. Karin war aber gerade anwesend und nutzte die Gelegenheit, sich mit ihnen zu unterhalten.

An diesem Abend saß ich erneut mit der Gruppe der afrikanischen Angestellten bei Dr. Mac Ballay zusammen, um zu überlegen, wo wir einen professionellen Manager finden könnten. Aber niemand hatte eine Idee. Während wir überlegten, bekam ich eine SMS von Karin, die mir schrieb: „Warum fragt ihr nicht Dr. Kelly für die Aufgabe?" Es klang wie eine Botschaft vom Himmel! Ich stoppte die Diskussion und berichtete von Karins Botschaft. Dr. Abd Sesay und Dr. Mahmut Kamara, ein afrikanischer Arzt vom MCH, erklärten sich sofort bereit, zu Dr. Kelly zu fahren, um ihm unsere Situation zu erklären. Er war beim adventistischen Missionsvorsteher für den Norden Sierra Leones in Makeni zu Gast.

Spät am Abend berichtete mir Abd telefonisch, dass Dr. Kelly um Bedenkzeit bat, aber uns versicherte, dass er am folgenden Morgen kommen wollte, um mir seine Überlegungen zu unterbreiten.

Pünktlich erschien Dr. Kelly am nächsten Morgen. Karin und ich saßen zwei Stunden lang mit ihm zusammen. Er erzählte uns von seinen Erfahrungen und seinem abwechslungsreichen Leben. Danach unterhielten wir uns über die Lage des Hospitals. Er meinte, dass wir uns in Magbenteh in einer Krise befänden und Gott manchmal eine Krise zulasse, um uns die Augen zu öffnen, damit wir reagieren und Dinge verändern. Er sei eigentlich nach Sierra Leone gekommen, um Vorträge zu halten. Um uns aber aus dieser Krise zu helfen, würde er vorübergehend die Aufgabe als Manager übernehmen, damit wir in Ruhe einen professionellen Manager suchen könnten.

Wir konnten es kaum glauben. Das war eine erneute Erfahrung mit Gott! Unsere Gebete wurden schneller erhört, als wir es erwartet hatten. Gott schickte uns zur rechten Zeit den richtigen Mann.

Jan musste Dr. Don Kelly als Nachfolger akzeptieren. Er versuchte dennoch, seinen Vertrag um sechs Monate zu verlängern, was die afrikanischen Angestellten aber ablehnten. Wir vereinbarten, dass er im April seinen geplanten Urlaub nahm. Im Mai sollte er dann seine Aufgabe an Dr. Kelly übergeben.

In Dr. Fred Nederlofs Terminkalender war ein einziges Wochenende frei. Am Freitag, dem 9. April 2010, kam er zusammen mit Jan an, um endlich die Vereinbarung zu formulieren.

Unser Schweizer Vereinsvorstand saß mit Karin zusammen, um die Vereinbarung auszuarbeiten. Wir in Magbenteh bekamen die neue Fassung am Sonntagmorgen. Unser Komitee in Magbenteh arbeitete bis 21 Uhr daran, machte für jeden Fotokopien und gab sie um 22 Uhr an Fred und Jan zum Durchlesen. Wir verabredeten am Montagmorgen, die endgültige Fassung zu formulieren.

Zu unserem Erstaunen akzeptierte Fred unseren Vertragsentwurf zu 95 Prozent. Der übrige Teil wurde zur Zufriedenheit aller ausformuliert. Wir spürten in allem den Beistand Gottes.

Das Resultat war, dass die Lionheart Foundation alle Aktivitäten in Magbenteh einstellt und ihre Angestellten nach Ablauf ihrer Verträge nicht mehr ersetzt werden. Fred versicherte uns aber, das Hospital in Magbenteh weiterhin finanziell zu unterstützen, d. h. sofern in den Niederlanden Spenden für das MCH eingehen. Für den großen Rest müssen wir neue Spender finden. Das ist für alle Beteiligten unser tägliches Gebetsanliegen geworden, denn die benötigte Summe beträgt pro Jahr mehr als ein halbe Million Dollar.

Wir fühlten uns alle frei und waren glücklich, dass das Hospital wieder ganz unter unserer Regie war und wir mit unserer Arbeit in aller Freiheit Gott die Ehre geben konnten.

Dr. Don Kelly versuchte im Laufe der Monate sein Bestes, seiner neuen Aufgabe gerecht zu werden, musste aber feststellen, dass er kein Manager ist. Im September und Oktober war er in den USA und nutzte die Zeit, um in seinem großen adventistischen Bekanntenkreis einen Nachfolger für sich zu finden. Er fand ihn in Marcell Sutherland aus Boston. Er besitzt umfangreiche berufliche Erfahrungen im Marketingbereich und hat auch als Dozent Marketing und Management an der London Metropolitan Universität unterrichtet.

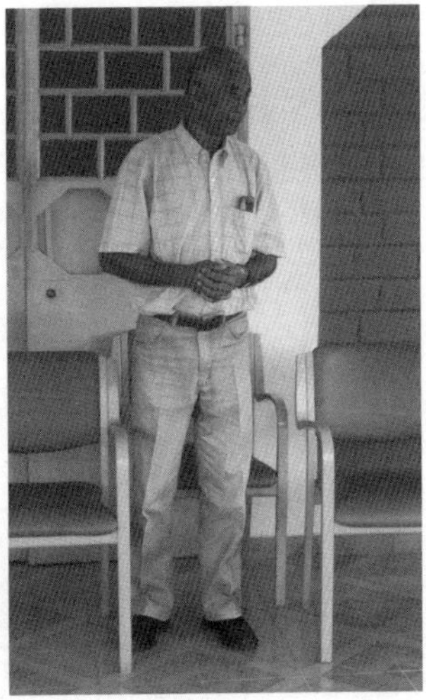

Dr. Don Kelly bei seiner Amtseinführung im Mai 2010

Marcell Sutherland als neuer General Manager im neuen SSLDF-Büro

Als Marcell Dons Anfrage erhielt, war er sofort bereit, die Aufgabe als SSLDF-Manager ab Januar 2011 zu übernehmen. Marcell ist Junggeselle und unabhängig, deswegen akzeptierte er ohne lange zu überlegen den geringen Lohn, den SSLDF ihm zahlen konnte.

Ein weiterer Erfolg Dons war der Kontakt mit Dr. Abel Alvarez aus Kalifornien, gebürtig in Peru. Er ist verheiratet und hat einen kleinen Sohn, ging aber auf Dons Ansinnen sofort ein. Wir brauchten dringend im MCH einen neuen Arzt für unser Ärzteteam. Auch er akzeptierte den niedrigen Lohn und kam Anfang Februar 2011 nach Magbenteh. Die Verträge werden nur für ein Jahr gemacht, da wir nie wissen, ob wir das Gehalt ein weiteres Jahr bezahlen können. Wir hoffen aber, dass Dr. Alvarez für längere Zeit bei uns bleiben kann.

Die Einweihung des Dorfes für Poliokranke

Nach der Fertigstellung des L-förmigen Wohnhauses für die Poliokranken begann im März 2010 der Bau der acht Werkstätten, der Küche mit einem Speiseraum, zehn Duschen und Toiletten als Anbau hinter dem Wohnhaus und – in der Mitte von allem – eines großen Palava Huts, in dem die Poliokranken auch bequem mit ihren Rollstühlen herumfahren können.

Sie wollten unbedingt den (neuen) Präsidenten Ernest B. Koroma zur Einweihung ihres Dorfes einladen. Da sie als Behinderte von den meisten Menschen nicht beachtet oder nur als Bettler abgetan werden, wäre es für sie eine enorme Freude und Ehre, wenn der Präsident kommen würde. Ich hatte zu viel zu tun, um mich auch noch darum kümmern zu können, und überließ es ihnen.

Die Poliokranken hatten die Einweihung für Anfang Juni 2011 geplant. Zu ihrer Freude sagte der Präsident zu, zur Eröffnung zu kommen, allerdings bereits am 24. Mai. Daher blieb nur noch eine Woche Zeit, um die letzten Arbeiten fertigzustellen, und es gab noch viel zu tun auf dem Gelände.

Ankündigung der Einweihungsfeier mit dem Präsidenten

Wir konzentrierten uns vollständig auf diese Arbeiten. Marcell, der neue Manager, stellte alle Arbeiter der Instandhaltung des Hospitals zwei ganze Tage dafür zur Verfügung. Sie halfen beim Reinigen aller Räumlichkeiten und des ganzen Geländes. So konnten wir am 24. Mai den Präsidenten, einige Minister und Vertreter der Stadt Makeni und der Religionen würdevoll empfangen.

Begrüßung des Präsidenten Ernest B. Koroma

Natürlich wurden von den verschiedenen Persönlichkeiten und Vertretern Ansprachen gehalten. In der abschließenden Rede brachte der Präsidenten zum Ausdruck, dass dieses Dorf ein Prototyp wäre und viele andere seiner Art in anderen Städten von Sierra Leone folgen sollten. Er brachte auch seine Freude und Dankbarkeit zum Ausdruck über die Initiative der „Swiss Sierra Leone Development Foundation", ein solches Projekt realisiert zu haben.

Beifall am Ende der Rede des Präsidenten

Die offizielle Eröffnung des Poliodorfes durch Präsident Koroma

Die Poliokranken waren überglücklich; einige weinten über das Geschenk, das wir ihnen mit diesem Dorf machten, und ganz besonders über die Anwesenheit des Präsidenten. Es bedeutete für die in dieser Gesellschaft oft verachteten Menschen sehr viel.

Gesamtansicht des fertigen Poliodorfes

Nun musste für die Einrichtung des Wohnhauses gesorgt werden. 100 Betten wurden spontan von einem deutschen Ehepaar gespendet, 60 Matratzen bekamen wir von der Lionheart Foundation. Doch es fehlen im Poliokrankendorf noch die Maschinen und Einrichtungsgegenstände für die Werkstätten. Der „Swiss

Sierra Leone Development Foundation" bleibt noch viel Arbeit bis zur endgültigen Fertigstellung des Dorfes. Nach meiner Erfahrung wird es noch mindestens ein Jahr dauern, bis wir es den Poliokranken selbst überlassen können. Denn das war von Anfang an unser Plan: dass sie ohne finanzielle Unterstützung von außen ihren Lebensunterhalt selbst erarbeiten.

Eine neue Organisationsform in der Schweiz

Im Laufe der Zeit waren immer häufiger Anfragen von Spendern gekommen, ob sie ihre Spenden bei der Einkommensteuererklärung geltend machen können. Da unser Verein „Association d'aide à la SSLDF" gemeinnützige Zwecke verfolgt und somit die Kriterien des Bundesgesetzes über die direkte Bundessteuer (DBG) erfüllt, ersuchten wir die Steuerbehörde des Kantons Waadt um die Anerkennung der Steuerbefreiung für Spenden an unseren Verein. Diesem Gesuch wurde im Januar 2009 stattgegeben, jedoch mit der dringenden Empfehlung, dem Verein einen neuen Namen zu geben. Um Verwirrungen zu vermeiden, sollte das Wort „Foundation" nicht darin enthalten sein, da nach schweizerischem Recht nur ein gemeinnütziger Verein, nicht aber eine Stiftung (engl. auch Foundation), von den Steuern befreit werden kann.

So einigte sich der Vereinsvorstand auf einen neuen Namen: „Action Swiss-Sierra Leone" (kurz ASSL), unter dem wir heute bekannt sind.[8] Als nächster Schritt war der Eintrag ins Handelsregister geplant, um die Ziele und Verantwortlichkeiten des Vereins auch nach außen hin transparent zu machen. Dafür mussten zuvor die Statuten, die noch etliche Widersprüche und Ungereimtheiten enthielten, überarbeitet werden. Marcel Gyr nahm sich dieser Aufgabe an und unterbreitete die neuen Statuten, die die Verantwortlichkeiten und Kompetenzen der einzelnen Vereinsorgane nun klar definierten, der Generalversammlung am 3. Juni 2010, die sie genehmigte. Da diese Statuten bereits zuvor von der kantonalen Justizbehörde überprüft und gutgeheißen worden waren, erfolgte der Eintrag ins Handelsregister kurz darauf ~~ohne~~ problemlos.

[8] Näheres siehe www.ssldf.com.

Auf dieser Generalversammlung kam es auch zu einem Wechsel des Vorstandes. Karin wurde zur Präsidentin, Marcel Gyr zum Vize Präsidenten, Marianne Meylan Croset zur Sekretärin, Eric Mayer zum Kassierer und Anne Prisco als Verantwortliche für das Schulprogramm gewählt. Jessica Sankala ist zwar nicht mehr Vorstandsmitglied, fungiert aber weiterhin als unsere Beraterin und Webmaster.

Medizinische Hilfe aus den USA

Vor einigen Jahren hat Dr. Abd Sesay Steve Hollingsworth kennengelernt, als ein Team von Missionaren medizinische Hilfe in Sierra Leone brauchte. Steve ist Gründer und Präsident von 4H.I.M. (Für Ihn; His Helping Healing Hands International Ministry), einer Organisation aus Oklahoma, die Missionstrips organisiert, durch die Christen in Amerika, Afrika und Indien sich in Bau-, medizinischen und evangelistischen Projekten engagieren. Er begann, Leistenoperationen in unserem Hospital zu sponsern. 2009 brachte er ein medizinisches Team nach Magbenteh, geleitet von Dr. Jeff Smith. Sie arbeiteten eine Woche lang im MCH. Jeff lud Abd in die USA ein, um dort Vorträge über die ärztliche Arbeit in den Tropen zu halten.

Im Mai 2010 war Abd in den USA. In Alma (Michigan) hielt er auf dem Campus des Alma-Colleges einen Vortrag auf einem Meeting des Rotary Clubs. Davon wurde eine Professorin so beeindruckt, dass sie Abd um ein Gespräch bat. Sie wollte Studenten der Gesundheitswissenschaften nach Magbenteh senden und das Hospital mit Geldmitteln unterstützen.

Dr. Smith und seine Freunde haben inzwischen eine Hilfsorganisation gegründet, um unser Hospital zu unterstützen. Diese

Organisation koordiniert nun auch das Kommen von Ärzten und medizinischem Personal und der Studenten des Alma-Colleges. Im Januar 2011 kam durch ihre Vermittlung erneut ein medizinisches Team nach Magbenteh, das im Laufe einer Woche 60 Operationen durchführte. Viele Teammitglieder versprachen wiederzukommen. Unser Hospital hat eine Menge davon profitiert. Wir hoffen, dass diese Art der Hilfe fortgeführt wird.

Studenten vom Alma-College und ein medizinisches Team mit dem Organisator Dr. Jeff Smith (stehend 2. von links, neben ihm Dr. Abd Sesay)

In Makeni gibt es eine staatliche Krankenschwesternschule, deren Schüler ihr Praktikum im MCH absolvieren. Und einige Angestellte werden von uns zur Weiterbildung gesponsert, sofern Geld vorhanden ist.

Sowohl in der Schweiz als auch in Sierra Leone bekommen wir in unseren Büros mehr und mehr Anfragen aus Europa und Nordamerika von jungen Leuten, meistens Medizinstudenten, die mindestens sechs Monate lang als Volontäre im Magbenteh Community Hospital oder im Bai Bureh Memorial Hospital in Lungi arbeiten möchten. Wir freuen uns natürlich über jede Hilfe.

Der Ausbau des Solarsystems

Die beiden deutschen Ingenieure Erich Schillberg und Fred Berlin bekamen im Januar 2011 eine Spende für Afrika. Sie überlegten nicht lange und hatten die Idee, das Solarsystem unseres Hospitalgeländes auszubauen, damit es mehr elektrische Kapazität hat. Als sie das benötigte Material hatten, beluden sie einen Container.

Ich hatte zu der Zeit Karin telefonisch informiert, dass für das Hospital dringend ein weiterer Pick-up benötigt wurde. Vielleicht könnte das Auto im Container mitgeschickt werden. Karin erkundigte sich daraufhin bei Erich, ob noch genügend Platz dafür vorhanden wäre. Nachdem er das bestätigt hatte, schickte unsere Buchhalterin in der Schweiz ihm Geld, damit er ein Fahrzeug besorgen konnte. Er kaufte einen guten, gebrauchten Pick-up, fuhr ihn in den Container und sicherte ihn sorgfältig. Dann schickte er den vollbeladenen Container auf die Schiffsreise.

Erich und Fred kamen am 24. Mai in Magbenteh an und waren anwesend, als der Container am Tag darauf auf dem Gelände entladen wurde. Sie fingen sofort an zu arbeiten und konnten dieses Mal ohne Probleme nach drei Wochen ihr Vorhaben beenden.

Die fertige Installation der Solarmodule

So konnte ich beruhigt meinen Koffer packen und zusammen mit Erich und Fred bis nach Brüssel fliegen. Dort trennten sich dann unsere Wege: Sie flogen weiter nach Hamburg und ich nach Genf in die Schweiz.

Bedankung bei Erich Schillberg und Fred Berlin

Weitere Projekte

Unsere Organisation ASSL bekommt von der SSLDF neue Projekte vorgestellt, aber solange sich die finanzielle Lage nicht verbessert, können sie nicht realisiert werden. Um als Beispiele nur zwei zu nennen: Wir brauchen unbedingt eine neue Poliklinik, da der Platz im alten Gebäude zu klein geworden ist und die ambulanten Patienten während der fünf Monate Regenzeit keinen Schutz finden. Sie kann direkt neben der alten gebaut werden; die Kosten würden etwa 150 000 Dollar betragen. Es wird auch ein zusätzliches Kinderhospital mit 100 Betten benötigt, da die Nachfrage enorm angestiegen ist. Auch für dieses Projekt ist schon ein Platz auf dem Gelände vorgesehen.

Aber alle Projekte und Ideen legen wir – wie immer – in Gottes Hand. Sein Wille geschehe!

Und es war offensichtlich sein Wille, dass das Hospital, das Ernährungszentrum für Kinder und das Poliodorf entstanden.

Nachwort

Die Bilanz unserer Arbeit

Während der vergangenen Jahre habe ich immer wieder gehört: „Alle eure Bemühungen sind doch nur ein Tropfen auf dem heißen Stein. Ihr könnt Afrika nicht retten."

Wenn ich aber heute Bilanz ziehe, kann ich sagen, dass wir in 23 Jahren mit Gottes Hilfe Großes geschafft haben. Aus dem Tropfen wurde ein Rinnsal und aus dem Rinnsal ein Fluss! Die vielen Menschen, denen wir mit Kleidungsstücken und Nahrungsmitteln helfen konnten, kann man nicht mehr zählen, auch nicht die Tausende, die in der Poliklinik und in den Hospitälern behandelt wurden. Vielen von ihnen konnte durch die medizinische Hilfe das Leben gerettet oder wesentlich verbessert werden. Das gilt für das Leprahospital in Masanga, die Hospitäler in Lungi und Magbenteh, das Ernährungszentrum für Kinder und das Dorf für Poliokranke. Und nicht unwesentlich ist die Wirkung des Schulprogramms für Kinder armer Eltern, durch das inzwischen schon über 1000 Kinder eine Schulbildung erhalten haben, was in Afrika meist eine spätere Arbeit zum Lebensunterhalt sichert.

Mithilfe von Spendengeldern, Stiftungen, freiwilligen und angestellten Mitarbeitern wurden in den letzten zehn Jahren aufgebaut:

- Das Hospital in Magbenteh mit inzwischen 100 Betten, zwei OP-Sälen, einer Physiotherapieabteilung, fünf Ärzten und 150 Angestellten. Im Jahr 2010 wurden 3750 stationäre Patienten aufgenommen, davon wurden 724 operiert.
- Eine Poliklinik, in der Menschen auch kostenlos behandelt werden (etwa 20 000 ambulante Patienten wurden behandelt).
- Ein Ernährungszentrum für Kleinkinder mit 100 Betten, in dem jährlich etwa 1000 unterernährte Kinder aufgenommen und

ernährt werden. (90 Prozent von ihnen kann das Leben gerettet werden.)

- Eine Poliklinik für Kinder unter 5 Jahren. (Zu ihr kommen täglich 80 bis 100 Mütter mit ihren kranken Kindern.)
- Ein Dorf für 250 an Kinderlähmung erkrankte Menschen, in dem sie würdig leben und mit eigener Arbeit ihren Lebensunterhalt verdienen können.
- Ein Kirchengebäude mit 220 Sitzplätzen und zwei angestellten Pastoren. (Sie kümmern sich auch um die Patienten und beten mit denen, die es wünschen. In den zweieinhalb Jahren seit seiner Einweihung wurden über 200 Personen getauft.)
- Schulprogramme für Kinder armer Eltern in Freetown und Makeni. (Zurzeit zahlen Sponsoren 180 Kindern die Ausbildung.)

Das alles konnte nur mit der Hilfe Gottes erreicht werden. In aller Hektik der Arbeit bedarf es deswegen Zeiten der Stille, um auf seinen Willen zu hören. Es ist nötig, auf ihn zu vertrauen und den Mut zu haben, seiner Führung zu folgen. Er führt uns Schritt für Schritt; zu Beginn und oft auch unterwegs sehen wir noch nicht das Ziel, zu dem er uns führen möchte.

An dieser Stelle möchte ich die Gelegenheit nutzen, allen zu danken, die unserem Verein bzw. SSLDF und ASSL in den Projekten über viele Jahre auf irgendeine Weise geholfen haben – sei es finanziell, materiell, praktisch oder auch geistlich mit ihren Gebeten.

Ganz speziell möchte ich meiner Familie – meiner Frau Karin und meinen beiden Kindern Kerstin und Björn danken, die so viele Belastungen auf sich genommen haben und auf manches verzichten mussten während der schwierigen Jahre der Bauprojekte in Magbenteh. Ohne Karin, ihr immerwährendes Verständnis und ihren eifrigen Einsatz, wäre das alles nicht zustande gekommen.

Möge dieses Buch für alle, die es lesen, eine Anregung sein, dass es sich lohnt, ein Abenteuer mit Gott einzugehen. Denn die Wege mit Gott sind faszinierend. Es war zum Beispiel für mich immer wieder erstaunlich, dass auch viele Menschen, die ihr Leben nicht mit Christus führen, bereit waren, sich mit ihrer Arbeit einzubringen oder Geld für humanitäre Zwecke zu spenden.

Etwas „zum Lobpreis" der „Herrlichkeit" Gottes zu sein (Epheser 1,14c) – das ist wunderbar und macht das Leben reich!

Ich würde zwar gern meine Tätigkeit in Sierra Leone abgeben, aber auch diese Entscheidung lege ich in Gottes Hand. Er wird den Zeitpunkt bestimmen, da noch viel Verantwortung für die Weiterführung der Arbeit auf mir ruht. Ich werde jetzt 70 Jahre alt und bin damit noch jung genug, um weiterzumachen!

Und ich bin gespannt, was Gott noch alles mit mir vorhat und welche weiteren Abenteuer auf mich warten.

Eine weitere spannende Autobiographie

Die Arbeit eines adventistischen Pastors und die Verkündigung des Evangeliums kann auch in den hochentwickelten Ländern Amerikas sehr spannend und zuweilen ein Abenteuer sein. Das wird im Buch

Feyerabend brennt für Gott

deutlich – der Autobiographie des Evangelisten Henry Feyerabend, der als Sohn deutschstämmiger Eltern geboren wurde und in der kanadischen Prärie unter Mennoniten aufwuchs.

Bereits im Alter von vier Jahren fühlte er sich zur öffentlichen Verkündigung berufen. Durch seinen Onkel, einen adventistischen Evangelisten, entfachte Gott in ihm das Feuer der Begeisterung, das sein gesamtes Leben hindurch brannte.

Sein Dienst als Pastor, Lehrer, Missionar, Sänger und Evangelist führte ihn in die USA, nach Brasilien, Kanada und Portugal. Henry Feyerabend gehörte zum ersten Quartett der Radiomission „Stimme der Prophetie" in Brasilien und war als deren Evangelist tätig. In Kanada baute er in Toronto eine portugiesische Adventgemeinde auf, die innerhalb weniger Jahre über 200 Menschen zur Taufe führte. Maßgeblich daran beteiligt waren seine Radio- und Fernsehsendungen. In Brasilien verkündigte er das Evangelium vor zehntausenden Menschen über Satellit.

Von seinen zahlreichen wunderbaren Erfahrungen mit Gott in dieser Arbeit berichtet er in diesem Buch. Wenn man es zu lesen anfängt, kann man es kaum wieder zur Seite legen.

Henry Feyerabend: ***Feyerabend brennt für Gott***
Die Autobiographie des Evangelisten Henry Feyerabend
ADVENT-VERLAG Lüneburg, 260 S., Paperback, Art.-Nr. 1854
Leseprobe und Bestellung im Internet: www.advent-verlag.de

Die Visitenkarte einer Freikirche

Sich für andere Menschen einzusetzen, das Leben auf dieser Welt erträglicher zu machen und Gottes Liebe in tätiger Nächstenliebe zu bezeugen – das ist für viele Siebenten-Tags-Adventisten Teil ihres Lebensstils und ein wichtiger Teil der Arbeit ihrer Freikirche. Sie betreibt u. a. eine eigene, weltweit arbeitende Entwicklungs- und Katastrophenhilfeorganisation (ADRA) sowie viele Schulen und soziale Einrichtungen auf der ganzen Welt.

Was motiviert Angehörige dieser Konfession dazu? Welche Glaubensüberzeugungen vertreten sie? Und wie sieht das weltweite Werk der Freikirche der Siebenten-Tags-Adventisten aus?
Das sind einige der Fragen, die das Buch ***Christsein heute*** behandelt – anschaulich, mit vielen Fotos, persönlichen Statements und treffenden Erläuterungen.

Mehr über das Buch und Leseproben können Sie im Internet unter www.christsein-heute.info finden.

Christsein heute – Gelebter Glaube
140 Seiten, Softcover, durchgehend vierfarbig
Advent-Verlag, Lüneburg, Art.-Nr. 7703

Bezugsquellen der Bücher im Internet:

Deutschland:	www.adventist-media.de
Schweiz:	www.advent-verlag.ch
Österreich:	www.toplife-center.at

Informationen über die Siebenten-Tags-Adventisten
im Internet: www.adventisten.de, www.adventisten.ch
oder www.adventisten.at

Über ADRA: www.adra.de, www.adra.ch, www.adra.at